ESTEREÓTIPOS E CLICHES

Conselho Acadêmico
Ataliba Teixeira de Castilho
Carlos Eduardo Lins da Silva
Carlos Fico
Jaime Cordeiro
José Luiz Fiorin
Magda Soares
Tania Regina de Luca

Proibida a reprodução total ou parcial em qualquer mídia
sem a autorização escrita da editora.
Os infratores estão sujeitos às penas da lei.

A Editora não é responsável pelo conteúdo deste livro.
As Autoras conhecem os fatos narrados, pelos quais são responsáveis,
assim como se responsabilizam pelos juízos emitidos.

Consulte nosso catálogo completo e últimos lançamentos em **www.editoracontexto.com.br**.

RUTH AMOSSY
ANNE HERSCHBERG PIERROT

ESTEREÓTIPOS E CLICHÊS

Coordenação da tradução
Mônica Magalhães Cavalcante

Publicado originalmente na França como *Stéréotypes et clichés.*
Langue, discours, société, quarta edição por Ruth AMOSSY &
Anne HERSCHBERG PIERROT
© Armand Colin 2021, Malakoff

Armand Colin é marca registrada de Dunod Editeur –
11, rua Paul Bert – 92240 Malakoff

Direitos para publicação no Brasil adquiridos pela
Editora Contexto (Editora Pinsky Ltda.)

Ilustração de capa
Claude Monet, *Le Havre,*
Bâteaux de Peche Sortant du Port, 1874 (óleo sobre tela)

Montagem de capa e diagramação
Gustavo S. Vilas Boas

Coordenação da tradução
Mônica Magalhães Cavalcante

Tradução
Alena Ciulla, Mariza Brito, Graça Faria, Ana Lúcia Cabral,
Rosalice Pinto, Mayara Arruda Martins, Maiara Sousa Soares,
Victor Lima, Isabel Muniz Lima, Keila Ribeiro Araujo,
Jessica Oliveira Fernandes, Rosane de Brito, Letícia Souza e Souza

Revisão
Lilian Aquino

Dados Internacionais de Catalogação na Publicação (CIP)

Amossy, Ruth
Estereótipos e clichês / Ruth Amossy, Anne Herschberg Pierrot;
coordenação da tradução : Mônica Magalhães Cavalcante;
tradução de Alena Ciulla...[et al]. – São Paulo : Contexto, 2022.
160 p.

Bibliografia
ISBN 978-65-5541-179-9
Título original: Stéréotypes et clichés

1. Análise do discurso 2. Sociolinguística
3. Estereótipos (Psicologia social) 4. Clichês 5. Ciências sociais
I. Título II. Pierrot, Anne Herschberg
III. Cavalcante, Mônica Magalhães IV. Ciulla, Alena

22-1227   CDD 401.41

Angélica Ilacqua – Bibliotecária – CRB-8/7057

Índice para catálogo sistemático:
1. Análise do discurso

2022

Editora Contexto
Diretor editorial: *Jaime Pinsky*

Rua Dr. José Elias, 520 – Alto da Lapa
05083-030 – São Paulo – SP
PABX: (11) 3832 5838
contexto@editoracontexto.com.br
www.editoracontexto.com.br

SUMÁRIO

PREFÁCIO 9

INTRODUÇÃO 11

HISTÓRIA DAS NOÇÕES 15
    Clichês 15
    Poncifs 20
    Lugares-comuns 22
    Ideias preconcebidas 28
    Estereótipos 33

A NOÇÃO DE ESTEREÓTIPO NAS CIÊNCIAS SOCIAIS 39
    Primeiras pesquisas sobre os conteúdos dos estereótipos:
        os métodos da psicologia social 40
    Da rigidez dos estereótipos 42
    Estereótipo e preconceito 43
    A ameaça do estereótipo 45
    A questão da adequação ao real 48
    As origens do estereótipo:
        teorias da personalidade e do conflito social 51
    As funções construtivas do estereótipo:
        a identidade social, a cognição 55
        A identidade social 55
        Estereotipagem e cognição 60
    Estereótipo e representação social 63

CLICHÊS, ESTEREÓTIPOS E LITERATURA 67
    Os estudos do clichê: da estilística à poética 67
        Estilística do clichê 67
        Poética do clichê 72
    Texto, imaginário, sociedade 76
        Doxa, estereótipo, ideologema 76
        Estudos sociocríticos do clichê e do estereótipo 81
        Análises interculturais e imagologia 85
    Estereótipo e leitura 88
        O estereótipo como construção de leitura 88
        O estereótipo no processo de leitura 90
        A questão da paraliteratura 95
        Por uma didática da leitura 99

LINGUÍSTICA, RETÓRICA E ANÁLISE DO DISCURSO 103
   Os estereótipos na língua 103
      Locuções cristalizadas 103
      Semântica do estereótipo e do protótipo 105
      Os *topoi* na pragmática integrada 113
   Retórica e análise argumentativa 117
   Estereótipos e análise do discurso 124
      A primeira escola francesa de análise do discurso 124
      A análise do discurso contemporânea:
         as noções de pré-discurso, de *ethos* e de fórmula 128
      A análise do discurso midiático e político 131
      Estereotipia e representações nos trabalhos de história 137
   Línguas de madeira 139

CONCLUSÃO 143

NOTAS 147

BIBLIOGRAFIA 149

AS AUTORAS 157

PREFÁCIO

  Esta obra, publicada pela primeira vez em 1997, tem o objetivo de fornecer uma visão geral dos trabalhos acadêmicos sobre a questão da estereotipia. Seu objetivo é reunir e sintetizar as pesquisas que têm sido feitas sobre essa questão em diferentes disciplinas que, muitas vezes, desconhecem umas às outras. Esta perspectiva interdisciplinar é hoje mais valiosa do que nunca diante do desafio de abrir-se a uma abordagem multidisciplinar frutífera, ou seja, que esteja ciente tanto das sobreposições quanto das diferenças. A problemática que esta abordagem levantou permanece atual. Propomos aqui uma versão ampliada, que tem o cuidado de atualizar a bibliografia, levando em conta os principais trabalhos publicados.

10 de janeiro de 2021

INTRODUÇÃO

Alguns alemães se divertem contando este chiste: "Qual é o livro mais curto do mundo? Quatro mil anos de humor alemão". A piada não terá graça para todo mundo, mas coloca bem a questão das representações estereotipadas, dos julgamentos prontos, pré-moldados. Da mesma maneira, uma expressão como "amargar uma derrota"* é percebida como uma fórmula fixa, batida, um automatismo de linguagem que se transforma em zombaria. O *Dictionnaire des Idées Reçues*** registra assim: "*DERROTA amarga*: e é de tal modo completa, que ninguém ficou para dar a notícia."

Na linguagem corrente, falamos a respeito de clichês ou estereótipos, de lugares-comuns ou ideias preconcebidas, e em francês também se usa,

---

*   N.T.: A expressão do original, em francês, é "*essuyer une défaite*", que, literalmente seria "enxugar uma derrota", com o sentido de *sofrer uma derrota*. Em português, temos a expressão "amargar uma derrota", com sentido próximo. E, assim, uma tradução do verbete de Flaubert "*défaite s'essuie*", mencionado a seguir, poderia ser "derrota amargada".

** N.T.: Esta obra foi traduzida para o português com o título *Dicionário das ideias feitas*, de Gustave Flaubert, Nova Alexandria, 2007. Além desta edição, há uma outra em português, feita por Fernando Sabino, em uma recriação literária, que tem por nome *Lugares-comuns*.

ainda hoje, mesmo que de forma menos frequente, a palavra *poncif*.* A linha divisória entre estes termos e noções não é clara, mas a impressão geral é negativa. Há aproximadamente um século, o desenvolvimento da imprensa e depois as diferentes formas de mídia, junto com o advento das sociedades democráticas modernas, criaram uma obsessão pela estereotipia. Denuncia-se o pensar pronto, o já dito. E, como os estereótipos e os clichês remetem à questão da opinião e da expressão individual, eles acabaram se transformando em temas de reflexão dos diferentes campos das ciências humanas. São noções que foram teorizadas e trabalhadas pelas ciências sociais, pelas ciências da linguagem e pelos estudos literários. Contudo, cada uma das disciplinas mostrou uma tendência a trabalhar de maneira autônoma, não estabelecendo relação com os demais campos do saber em que o estereótipo era abordado.

Por que, então, a questão das evidências compartilhadas, das representações coletivas, dos automatismos de linguagem se encontra no centro das reflexões contemporâneas? Em que medida as diferentes perspectivas podem convergir? Para responder de forma mais clara a essas perguntas, propomos uma abordagem fundada na história das noções e no percurso das disciplinas que teorizaram sobre os fenômenos da estereotipia nos séculos XX e XXI.

O primeiro capítulo é consagrado à emergência de palavras e de noções e à sua evolução semântica na linguagem cotidiana. Serão examinadas expressões como "clichê", "*poncif*", "lugares-comuns", "ideias preconcebidas", "estereótipo". Veremos como vão se estabelecendo novas relações entre esses diferentes termos, que, na linguagem cotidiana, são tomados, muitas vezes, como sinônimos.

Os demais capítulos propõem um percurso seletivo pelas ciências humanas que construíram a estereotipia como objeto teórico. Nosso propósito

---

* N.T.: *Poncif* é uma técnica de pintura em que são feitos múltiplos furos em um desenho, sobre uma folha de papel, para, a seguir, serem reproduzidos os pontilhados coloridos, com tinta, passando-se uma pedra-pomes sobre o traçado. O efeito de decalque desta técnica e/ou o molde que é produzido podem ter motivado o uso da expressão para designar *estereótipo* ou *clichê*, conforme é explicado no capítulo "História das noções".

não é fazer uma síntese que defina uma essência do clichê e do estereótipo. Tampouco buscamos uma interdisciplinaridade que separe de cada domínio do pensamento, de maneira eclética, aquilo que cada um teria de melhor para contribuir. Ao contrário, tratamos de salientar a maneira como cada disciplina constrói seu objeto, em função de sua lógica própria e de seus interesses. O leitor poderá, assim, aproximar-se da questão do estereótipo tal como ele é tratado em cada disciplina. No entanto, uma leitura transversal dos capítulos permitirá também confrontar os enfoques.

O segundo capítulo se ocupa das ciências sociais, que fizeram emergir o estereótipo como representação coletiva cristalizada, transformando-o em um objeto de estudo empírico. Essa noção contribuiu para a análise das relações entre os grupos sociais e seus membros individuais. Em sua vertente negativa, entra em questão a reflexão sobre o preconceito; em sua vertente positiva, relaciona-se com a construção da identidade e da cognição social.

O terceiro capítulo é consagrado aos estudos literários, que analisam os fenômenos da estereotipia de um ponto de vista estético e ideológico. A estilística e a poética se interessam pelo clichê como efeito de estilo ou como procedimento de construção do texto. Nas correntes críticas atentas à dimensão social do texto literário e à questão dos imaginários sociais, são privilegiadas a *doxa*, o estereótipo como esquema coletivo e as ideias preconcebidas. O estereótipo intervém ainda na reflexão sobre a leitura literária e contribui para uma nova didática da leitura. Se de início os fenômenos da estereotipia eram considerados indicadores de trivialidade, passam a ser cada vez mais estudados em sua função construtiva e em sua produtividade.

O quarto capítulo revisita as diferentes noções (locuções cristalizadas, estereótipos, protótipos, lugares-comuns ou *topoi, língua de madeira**) que intervêm tanto no estudo da língua quanto na análise do discurso.

---

* N.T.: Esta expressão, que traduzida literalmente do francês significa "língua de madeira", refere-se a um estilo de fala rígido e estereotipado. No quarto capítulo se amplia esta definição.

O estudo da língua inclui preocupações das mais diversas, que vão da morfossintaxe lexical (a questão das locuções cristalizadas) à semântica. A análise do discurso compreende um estudo da argumentação como arte de persuadir, no âmbito de uma abordagem do discurso histórico, político e jornalístico. Acrescenta-se aí uma breve apresentação dos trabalhos recentemente desenvolvidos em história cultural.

O estereótipo aparece, então, como um objeto transversal da reflexão contemporânea nas ciências humanas e nem sempre é considerado em seu aspecto negativo. Ele atravessa a questão da opinião e do senso comum, da relação com o outro e da categorização. Ele permite estudar as interações sociais, a relação dos discursos com os imaginários sociais e, mais amplamente, a relação entre linguagem e sociedade.

Esta reflexão sobre a estereotipia discursiva convida a explorar outros campos que não abordamos aqui, especialmente tudo o que diz respeito à imagem: a fotografia, o cinema, a televisão e a imagem publicitária.

HISTÓRIA DAS NOÇÕES

CLICHÊS

Em *Les Figures du discours*, Fontanier cita como exemplos canônicos de metáforas, de comparações e de hipérboles: vie *orageuse*, remords *dévorant*, *enflammé* de colère, *fondant* en larmes, l'*émail* des prairies, le *vaisseau* de l'État, *plus blanc que la neige* ou *c'est un tigre*.* Aquilo que funcionava como um modelo de figura na retórica clássica se transformou, para nós, no correspondente ao clichê. No final do século passado, Rémy de Gourmont escreveu o seguinte, em *Esthétique de la langue française* (1899):

---

*   N.T.: Essas metáforas são construções do francês e, por isso, não cabe aqui uma tradução. Porém, é possível oferecer uma tradução das palavras que compõem as expressões metafóricas, para que o leitor tenha uma ideia do sentido que representam e das analogias que suscitam. Na ordem em que aparecem: vida *tempestuosa*, remorsos *devorantes*, *inflamado* de ira, *derretido* em lágrimas, o *esmalte* (significando a diversidade de flores) de uma pradaria, a *nave* do Estado, *mais branco que a neve*, *é um tigre* (para o sentido de *é uma pessoa cruel, perigosa*). O procedimento que adotaremos será sempre este, então: quando possível e necessário, oferecer uma tradução; quando, ao contrário, a análise valer somente para a expressão em francês, ela será mantida em francês, com uma nota de rodapé para algum esclarecimento.

> A imitação é a mancha inevitável e terrível que espreita os livros muitíssimo felizes: aquilo que era original e fresco parece uma coleção ridícula de pássaros empalhados; as imagens novas se transformam em clichês [...]. *Telémaco*, a obra mais imitada, frase a frase, de todas as literaturas, é, por isso mesmo, definitivamente ilegível. É uma pena, talvez, e é injusto, mas como continuar saboreando "os pastos floridos – esses belos lugares – que ela banhava em suas lágrimas"?

Se a consciência do clichê é relativamente recente, isso não impede que, no século XVII, alguns traços de estilo tenham ocasionado crítica e chacota, particularmente, o palavreado rebuscado ou exageradamente figurado. Em *Le Berger extravagant* (1639), de Charles Sorel, o pastor faz esta descrição de um retrato: "Farás essas preciosas bochechas semeadas de lírios e de rosas, e depois a pequena boca, cujos dois lábios são ramos de coral. E, se fosse decente deixá-los entreabertos, farias seus dentes, que são duas fileiras de pérolas finas" (Perrin-Naffakh, 1985, p. 252). Criticamos ainda o "estilo frio", marcado na poesia pelos epítetos convencionais, "os epítetos costurados" para a rima (segundo a fórmula de Fénelon). No século seguinte, Crevier destacava sua preferência, em sua *Rhétorique française* (1765), pelos epítetos "que agregavam sentido": "Os epítetos verdadeiramente apreciáveis são os que agregam sentido, de tal modo que não se pode suprimi-los sem que a frase perca uma parte de seu mérito. [...]. Desejamos que, inclusive em verso, os epítetos digam alguma coisa". Gilbert (em *La Rhétorique ou les Règles de l'éloquence*, 1730) insiste, por sua vez, na importância das metáforas inventadas na arte da oratória: "As boas Metáforas são uma marca de genialidade e de sensibilidade, porque apropriadamente, para que sejam honrosas, é necessário que o Orador seja seu criador e que não as tome emprestadas de um outro" (Perrin-Naffakh, 1985, p. 262 e 263).

Entretanto, essas críticas são pontuais e não refletem ainda uma problemática geral do clichê. Sempre se corre o risco de simplificar a leitura dos textos clássicos ao se fazer uma construção retrospectiva. O clichê, em sua dimensão crítica da linguagem cristalizada, repetida e comum, é uma noção que só se desenvolve verdadeiramente no século XIX. Na época clássica e até os primeiros anos do século XIX, o baluarte da retórica não é atingido no seu essencial. O ensino favorece sempre a aprendizagem dos modelos de discurso e mantém a hierarquia dos estilos: a característica seletiva do estilo nobre ou sublime restringe a escolha de construções possíveis e favorece a repetição das mesmas fórmulas. Editam-se e reeditam-se os dicionários de epítetos, como o de R. P. Daire (1759), que é continuado ainda no século seguinte pelo *Grandus français* (1822), de Carpentier. Do mesmo modo, por volta de 1820, os tratados de Fontanier reorientam o modelo neoclássico das figuras.

É somente no decorrer do século XIX que se estabelece uma tomada de consciência do clichê entre os poetas e os prosadores. Em *Les Discours du cliché* (1982), Ruth Amossy e Elisheva Rosen destacaram a importância desta crise da linguagem para os escritores na sociedade francesa pós-revolucionária. À tradição retórica e à convenção, os românticos opõem a originalidade; à norma social e à quantidade, à autoridade cristalizada, eles opõem a invenção singular. Em "Réponse à un acte d'accusation", o célebre poema das *Contemplations* (I, 7), Victor Hugo proclama a recusa à convenção poética, às fórmulas vazias na poesia, à hierarquia dos estilos e aos clichês de estilo nobre:

> Massacrei os alabastros, e a neve, e o marfim.
> Retirei o azeviche da jaboticaba negra.
> E ousei dizer ao braço: Seja simplesmente branco.*

A inversão de perspectiva, por outro lado, é marcada na evolução semântica e lexical. É no século XIX que toda uma série de expressões como "lugares-comuns" ou "ideias preconcebidas" se tornam verdadeiramente pejorativas. Ao mesmo tempo, termos técnicos emprestados das artes gráficas ou da imprensa adquirem um sentido figurado que

---

* Original em francês: "Je massacrai l'albâtre, et la neige, et l'ivoire,/ Je retirai le jais de la prunelle noire,/ Et j'osai dire au bras: Sois blanc tout simplement."

denomina pejorativamente o desgaste da expressão verbal. É o caso do *poncif*, do *clichê* e, no século XX, do *estereótipo*.

No início do século XIX, a imprensa inventa, de fato, um novo procedimento de reprodução em massa de um modelo fixo: é o procedimento de clichagem e de estereotipia, que substitui a composição por caracteres móveis. Mais tarde, a palavra "clichê" foi usada no campo da fotografia (1865), onde ela designa o negativo a partir do qual se pode tirar um número indefinido de exemplares. Por outra extensão analógica, denomina, então, "familiarmente", segundo P. Larousse (1869), uma "frase feita que se repete nos livros ou na conversação", ou então "um pensamento que se tornou banal". A palavra "clichê" é empregada nesse sentido desde 1860: encontramo-la, por exemplo, no romance de Goncourt, *Charles Demailly* ("Terminava com uma frase usual, uma espécie de clichê que fazia parte do repertório de todos os críticos").

Clichê só começa a se transformar em palavra corrente no último terço do século XIX, mas a consciência de que há um desgaste das palavras atravessa o século, pelo menos para os escritores. De Stendhal a Flaubert, a questão da singularidade do dizer, tanto em verso como em prosa, acompanha a consciência de ser escritor diante da trivialidade do comum, da estupidez do número, da força avassaladora da opinião.

O surgimento da palavra "clichê" marca, entretanto, uma etapa na história das formas literárias e do pensamento de estilo. A partir dos anos 1870, a moda eram as coletâneas populares (coletâneas de provérbios e dicionários de gírias) e as antologias de clichês ou lugares-comuns da conversação, das quais a mais conhecida é *Le Dictionnaire des idées reçues* de Flaubert (Herschberg Pierrot, 1988). Esse dicionário ironiza os dicionários de epítetos e as suas paródias, mostrando, entre outras ideias preconcebidas, as associações verbais que se automatizaram, como "Marfim: Só se emprega ao falar de dentes", e os qualificativos obrigados: "Exaustão: Sempre prematura". No final do século, o termo "clichê" passa a ser objeto de uma reflexão crítica. R. de Gourmont (1899), com mais precisão que Larousse, diferencia o clichê do lugar-comum. O clichê "representa a materialidade da frase; o lugar-comum, sobretudo, a banalidade da ideia" (Gourmont, 1899, p. 288), e este último se expressa por formas diversas. O clichê é relacionado à sua metáfora de origem:

> Por alusão a uma operação de fundição, usual nas tipografias, deu-se a estas frases, a esses blocos imutáveis e utilizáveis até o infinito, o nome de clichês. Alguns pensam com frases feitas e as usam exatamente como um escritor original usa palavras feitas do dicionário. (Gourmont, 1899, p. 284)

O clichê não somente é definido como uma fórmula banal, mas também como uma expressão cristalizada, repetível sob uma mesma forma.

De onde vêm os clichês para Gourmont? Da má literatura ("Não nos ocupamos o suficiente dos maus escritores; quer dizer, deveríamos castigá-los com mão mais firme" – Gourmont, 1899, p. 300), da literatura de folhetim, que parece um "cérebro anônimo", e dos imitadores dos grandes escritores, que transformam seus procedimentos em clichês. A linguagem da imprensa e da tribuna é igualmente visada, em particular as "locuções do parlamentarismo": os espectros e as hidras ("o espectro clerical – o espectro de 93 – o espectro da Idade Média – o espectro do passado – o espectro de despotismo – a hidra das revoluções – a hidra da anarquia"), "a maré crescente da democracia", "a invasão da democracia" e "a necessidade de mergulhar novamente no seio do sufrágio universal". Larousse atribuía também a origem do clichê a uma exclamação dos tipógrafos diante das fórmulas usadas pela imprensa, e todos os seus exemplos da palavra clichê vêm do jornal francês *Figaro*: "Entre jornalistas, podemos estar em guerra, mas compartilhamos os *clichês (Le Figaro)*. Vamos escutar os discursos *clichês* sobre o equilíbrio do orçamento. Tal é o discurso *clichê* que o venerável barão tem reservado para todas as circunstâncias" *(Le Figaro)*. O clichê está relacionado com a produção de massa (a literatura industrial do folhetim) e com a questão do número: número de leitores, número de eleitores. O alvo não é somente representado por um estilo literário convencionado. O modelo visado é o do jornal (com seus folhetins) e o da eloquência política. No final do século XIX, a depreciação do clichê se soma ao mal-estar do letrado diante das mudanças nas velhas fronteiras entre "iletrados e sábios, massas e artistas" (Delessalle, 1985, p. 574). Criticar a palavra comum e pública é afirmar a especificidade da literatura como valor estético. É a atitude de muitos escritores do século, em particular a de Flaubert, que compartilha com Baudelaire seu ódio pela fotografia, arte industrial.

Nos anos 1890, no entanto, o clichê não é somente uma questão para os estilistas, mas também para os sociólogos, que o julgam diferentemente. Ele encontra assim um lugar valorizado na psicologia social de Gabriel Tarde, autor de *Lois de l'imitation* (1890). O clichê figura aí como metáfora fotográfica e tipográfica da imitação social. Os clichês verbais são evocados apenas brevemente, mas têm um papel ativo de coesão social, a linguagem aparecendo como "o grande veículo de todas as imitações". A imitação é assim apresentada como "uma ação à distância de um espírito sobre o outro", "uma ação que consiste na reprodução quase fotográfica de um clichê cerebral pela placa sensível de um outro cérebro" (Tarde, 1979: VIII). Tarde evoca também os progressos da moda que "estão fazendo da Europa a edição de um mesmo tipo de homem impresso em mais de centenas de milhões de exemplares" (Tarde, 1979, p. 17). Chegamos à noção de estereótipo, objeto de estudo das ciências sociais no século XX (veja a seguir, neste capítulo e no capítulo "A noção de estereótipo nas ciências sociais").

PONCIFS

Antes do clichê, existiam, claro, outras expressões para denominar a banalidade das palavras e dos conteúdos e seu caráter convencional. Entre elas, o "*poncif*", o qual tem também origem metafórica. É um termo vindo das artes gráficas, que designa, no século XVI, o "papel no qual um desenho é picado ou cortado, de maneira que se possa reproduzi-lo colocando-o em uma tela ou uma outra folha de papel lixando por baixo com um pó colorido" (*Larousse do século XIX*). No século XIX, o *poncif* refere-se a um "desenho feito de rotina, segundo um tipo e processos convencionais" (1828, *Dictionnaire historique de la langue française*, Le Robert). Empregada posteriormente como adjetivo (anos 1830), depois como nome (antes dos anos 1850), a palavra designa um "trabalho banal, sem originalidade, reproduzindo formas convencionadas" (*Larousse do século XIX*).

Poncif (nome ou adjetivo) qualifica na literatura uma temática, um personagem ou um estilo convencionado: Larousse considera como *poncifs* a composição e o estilo das tragédias do século XVIII e do começo do século XIX. Mas o *poncif* – e esta é sua particularidade – se estende também ao domínio artístico: o das belas-artes e o da expressão dramática e musical. Baudelaire escreve no *Salon*, de 1846: "Quando um cantor coloca a mão no seu coração, isso normalmente quer dizer: eu a amarei sempre! – Ele cerra seus punhos, olhando para o ponto que lhe assopram as falas ou para as suas placas, isso significa: ele vai morrer, o traidor! – Este é o *poncif*" ("Du chic et du poncif", *Curiosités esthétiques*). "Tudo que é convencional e tradicional evoca o *chic* e o *poncif*", diz ele ainda. É também o ponto de vista de Larousse, em 1874:

> Deu-se por extensão, na literatura, como também na pintura e na escultura, o nome *poncif* às composições às quais falta originalidade e que parecem feitas sob um padrão comum. O *poncif* reinou por muito tempo na pintura, sob o nome mais nobre de tradição; longe de ser considerado o que ele é realmente, uma marca de impotência, ele foi visto como uma prova de gosto, de respeito aos modelos, de docilidade ao ensinamento dos mestres. (*Larousse do século XIX*)

Este será um dos cânones estéticos de *À La Recherche du temps perdu (Em busca do tempo perdido)*, de Marcel Proust, a invenção artística se opondo aos *poncifs* confortáveis da tradição:

> Além de toda novidade tendo por condição a eliminação prévia do poncif ao qual nós estávamos habituados e que nos parecia a própria realidade, toda conversação nova, bem como toda pintura, toda música original parecerão sempre rebuscadas e cansativas. (*Du côté de chez Swann/No caminho de Swann*)

Mas Baudelaire escreve também em *Fusées* (*Fogachos*): "Criar um *poncif* é genial".

No século XX, no entanto, o *poncif* como tema literário ou artístico comum não faz mais parte da linguagem crítica.

LUGARES-COMUNS

Diferente do clichê e do *poncif*, o lugar-comum é uma noção mais anterior, que não é pejorativa em sua origem. Como se passou do sentido antigo de "lugares-comuns" ao de trivialidade?

Os lugares-comuns, ou *topoi koinoi* (no singular: *topos*), remontam à Antiguidade grega, à dialética e à retórica aristotélicas. Para Aristóteles, os lugares-comuns são categorias formais de argumentos que têm um alcance geral, como o possível e o impossível, o mais e o menos, os contrários ("Se o bom é agradável, o que não é agradável não é bom; mas se esta última proposição não é verdadeira, a outra também não é" – *Tópicos*, II), o universal e o particular (ver capítulo "Linguística, retórica e análise do discurso", seção "Retórica e análise argumentativa"). Os lugares-comuns reúnem os traços argumentativos comuns aos três gêneros da retórica, e nisso se distinguem dos lugares específicos, particulares de um campo ou de um gênero oratório, como os temas de louvor para o gênero epidítico, gênero do elogio ou da acusação (Kibédi Varga, 1970, p. 52). Concebidos inicialmente como formas gerais do raciocínio, de alcance universal, os lugares-comuns estavam providos de conteúdo, desde a Antiguidade.

> A partir de Cícero, a análise tópica é desvirtuada por um contrassenso maior sobre seu objeto, sua finalidade e seu interesse prático. A teoria dos lugares-comuns se junta rapidamente às vãs taxonomias de temas a serem abordados no discurso. (Angenot, 1982, p. 160)

Integrados ao *inventio* (ou busca das ideias), a primeira parte do trabalho do orador, os *topoi* não são mais somente um método de raciocínio, eles transformam-se em uma reserva de argumentos-tipo, de procedimentos de amplificação e de desenvolvimentos prontos.

Na Idade Média, "o tópico se transforma em típico, em reservatório de tipos. Suas formas vazias, *topoi koinoi*, saturam-se de sentidos, cristalizam-se e se convertem em estereótipos" (Compagnon, 1979, p. 29). Ernst Robert Curtius estudou alguns temas da literatura medieval que constituem os *topoi*, em um sentido um pouco particular do termo, como o mundo de cabeça para baixo, a criança e o ancião, ou o célebre tema descritivo da paisagem ideal (*locus amoenus*).

No período do Renascimento, Francis Goyet reconhece três sentidos de "lugares-comuns". O primeiro sentido, vindo da Antiguidade, é aquele de amplificação. Os lugares-comuns são então, para alguns, o equivalente às máximas (ou pensamentos gerais), nas quais se materializam (como em Erasmo: "Chamo aqui de lugares-comuns as sentenças repetidas frequentemente", em Goyet, 1996, p. 587). Nessa perspectiva, a generalidade se alia a uma concepção não pejorativa da *doxa*: o lugar-comum é compreendido como um "valor seguro e reconhecido" (Goyet, 1997, p. 62) – e esse valor perdura no século XVII, por exemplo, em Racine (*ibid.*). O segundo sentido, próprio do Renascimento, é aquele de "início da rubrica", ou também "títulos de capítulo", os lugares-comuns podendo, inclusive, designar as próprias compilações, "catálogos organizados por rubricas". Finalmente, o terceiro sentido é o de "lugar dos argumentos". Entretanto, F. Goyet ressalta a tendência do século XVI a aproximar o segundo e o terceiro sentidos, e a conduzir os lugares-comuns para a classificação, e não para a argumentação:

> Nos dois casos, o que interessa ao século XVI é a possibilidade de classificar, de constituir um repertório no qual se possa, graças à classificação e segundo a própria etimologia da palavra *repertório* (*reperire*), encontrar seus argumentos. (Goyet, 1996, p. 66)

Essa reinterpretação dos lugares-comuns nas teorias do Renascimento, sua identificação com as máximas, está, sem dúvida, relacionada à sua reificação.

O recurso aos lugares-comuns no discurso do orador está, de fato, sujeito a críticas. Em *La Logique de Port-Royal* (1662), rejeita-se o método do tópico em nome da especificidade do tema e da verdade:

> É certo que todos os argumentos que fazemos sobre cada tema podem relacionar-se a seus líderes e seus termos gerais, que chamamos lugares, mas não é com este método que os encontramos. A natureza do tema, a sua consideração atenta, o conhecimento de diversas verdades os fazem produzir.

É possível notar claramente como, quase na mesma época, os "lugares-comuns" podem tomar o sentido de ideias batidas: a passagem se faz, sem que se sinta, da ideia de desenvolvimento pré-fabricado e de generalidade à de banalidade. Em *Le Misanthrope (O misantropo),* de Molière (1666), aparece claramente essa acepção. Os lugares-comuns são os reforços de uma conversação entediada, da qual se queixa Célimène:

> Em vão, para atacar seu estúpido silêncio,
> A todos os lugares-comuns você pede assistência;
> O bom tempo e a chuva, e o frio e o calor,
> São recursos que com ela se esgotam em breve.
> (Ato II, cena 4, vv. 609-612)

O verbete "Lugar" do dicionário *Littré* (1877) testemunha ao mesmo tempo a evolução semântica e a coexistência de diferentes acepções. O *Littré* dá várias definições de "Lugares-comuns, lugares oratórios ou, simplesmente, lugares": "espécie de pontos principais aos quais os antigos retóricos relacionavam todas as provas que utilizavam no discurso. [...] Por extensão, lugares-comuns se diz também para as características gerais que se aplicam a tudo". Finalmente, "lugares-comuns se diz das ideias já gastas, batidas". Porém, as significações são frequentemente misturadas. O *Littré* ilustra a ideia de generalidade (os "traços gerais") com citações da *Sátira X*, de Boileau (1964): "E todos esses lugares-comuns de moral lúbrica/ Que Lulli reaquece com os sons de sua música" e dos *Commentaires sur Corneille*, de Voltaire

(1764): "Encontramos com frequência essas máximas imprecisas e esses lugares-comuns, nos quais o poeta se coloca no lugar do personagem", em que a expressão "lugares-comuns" é utilizada de maneira depreciativa. Igualmente, os exemplos que são dados para o sentido de "ideias gastas" deixam aparecer o valor argumentativo dos lugares-comuns. É o caso das citações retiradas de *De la cour, 5e. discours*, de Guez de Balzac (1658): "Eles difundem grandes lugares-comuns sobre os louvores da paz e do descanso". E em *L'Ingénu (O ingênuo)*, de Voltaire (1767): "Gordon teve o cuidado de difundir esses entediantes lugares-comuns pelos quais se tenta provar que não é permitido usar a liberdade para deixar de ser".

O valor pejorativo dos lugares-comuns torna-se predominante no século XVIII. No século XIX, sua crítica responde à rejeição dos modelos comuns da fala e do pensamento. O trivial já não é mais o ponto de encontro de uma comunidade, mas o ponto de separação do indivíduo e da rota comum: ele designa esse espaço de divisão, de distinção do indivíduo e do social. Os lugares-comuns estão relacionados à conversação, que se transforma no campo de exercício, por excelência, do opinável. O romance faz eco disso, de Stendhal a Balzac e a Flaubert. Lugares-comuns da província stendhaliana em *Lucien Leuwen*: "Ele acreditou estar livre de todos os lugares-comuns que lhe entediavam dizer, que ele dizia mal e que, em Nancy, ainda são o elemento essencial da conversação entre pessoas que se veem pela oitava ou décima vez", ou do homem hábil em *César Birotteau*:

> Durante o tempo que permaneceu em suas funções, soube compor uma linguagem repleta de lugares-comuns, semeada de axiomas e de cálculos traduzidos em frases arredondadas que, lançadas suavemente, soavam aos ouvidos das pessoas superficiais como eloquência. Dessa forma, agradou a essa maioria naturalmente medíocre, condenada, eternamente, ao trabalho, ao olhar rasteiro.

Ou ainda os dois personagens de *Bouvard e Pécuchet*, de Flaubert, conversando sobre as mulheres junto ao fogo:

25

— Estranha necessidade, é uma necessidade?
— Elas levam ao crime, ao heroísmo e ao embrutecimento! O inferno debaixo de uma saia, o paraíso em um beijo.
— Gorjeios de rolinha, ondulações de serpente, garras de gato.
— Perfídia do mar, fases da lua.
Eles disseram todos os lugares-comuns que elas fizeram propagar.

Nessa época, os lugares-comuns adquirem uma extensão semântica ampla, unificada pela sua depreciação em comum, vinculada a seu caráter repetitivo, à sua rigidez e à sua imensa generalidade. Podem designar tanto um tema argumentativo a amplificar como um desenvolvimento já batido, uma ideia ou frase simplesmente banal, uma sentença ou até uma fórmula cristalizada. São usados com frequência para se referir aos clichês ou às frases feitas, reunidos em antologias satíricas, como o *Dictionnaire des lieux communs de la conversation, du style épistolaire, du théâtre, du livre, du journal, de la tribune, du barreau, de l'oraison funèbre etc. etc.*, de Lucien Ringaud (Ollendorff, 1881). No entanto, é interessante notar que o valor argumentativo dos lugares-comuns permanece, frequentemente, inclusive fora de toda referência a um contexto retórico, e que a expressão, pejorativa, possui uma plasticidade semântica, de um contexto a outro (passando do sentido de ideia geral ao de sentença, frase feita ou clichê).

O *Dictionnaire des lieux comuns,* de Léon Bloy (1ª ed., 1902; 2ª ed., 1913), iniciado no final do século XIX, é uma obra violentamente polêmica:

> Do que se trata, de fato, senão de arrancar a língua dos imbecis, dos presumida e definitivamente idiotas deste século, tal como São Jerônimo reduziu ao silêncio os partidários do herege Pelágio ou de Lúcifer em seu tempo? Obter, finalmente, o silêncio do Burguês, que sonho! [...]. O verdadeiro Burguês, isto é, em um sentido moderno e tão geral quanto possível, o homem que não faz uso algum da faculdade de pensar e que vive ou parece viver sem ter sido solicitado, nem um só dia, pela necessidade de compreender qualquer coisa que seja, o autêntico e indiscutível Burguês está necessariamente limitado, em sua linguagem, a um número muito pequeno de fórmulas.

A obra reúne, assim, sob o nome de lugares-comuns, para a expressão comum do pensamento burguês, sentenças e provérbios ("Não se deve brincar com fogo", "Tempo é dinheiro", "Há sempre um sapato velho para um pé cansado"), que são alvo de comentários, mas também de temas de opinião ("a Ciência", "a Inquisição", "A noite de São Bartolomeu" etc.), os quais permitiram a Bloy protestar contra o século e formular paradoxos em nome de sua verdade.

Na mesma época, Remy de Gourmont propõe a ideia de que as verdades não são nada mais que lugares-comuns:

> O lugar-comum é mais e menos que uma banalidade: é uma banalidade, mas, às vezes, inevitável; é uma banalidade, mas tão universalmente aceita que toma o nome de verdade. A maior parte das verdades que correm pelo mundo (as verdades são muito corredoras) pode ser vista como lugar-comum, isto é, são associações de ideias comuns a um número tão grande de homens, que quase nenhum desses homens ousaria quebrar de maneira deliberada. (1900, p. 84-85)

Entre o uso antigo dos lugares-comuns e o da modernidade, no início do século XX, o que mudou foi a relação com a tradição, com a verdade e com a opinião. Dotados de um conteúdo e mais ou menos independentes de seu papel argumentativo, os lugares-comuns transformaram-se em objeto de suspeita, precisamente porque contam com a aprovação de uma grande maioria: não remetem às fontes comuns do raciocínio, mas às ideias que se tornaram demasiadamente comuns e são rejeitadas como tais.

No decorrer do século XX, a opinião se inverte. Os lugares-comuns voltam a ganhar valor para os sociólogos, interessados na opinião das maiorias, e para os linguistas que trabalham com as formas da argumentação (ver capítulo "A noção de estereótipo nas ciências sociais" e capítulo "Linguística, retórica e análise do discurso").

IDEIAS PRECONCEBIDAS*

A expressão "*idées reçues*" só aparece nos dicionários franceses na época contemporânea, com o sentido pejorativo de "preconceitos", "ideias prontas", fazendo referência ao *Dictionnaire des idées reçues,* de Flaubert. Anteriormente, o adjetivo *reçu* (para um uso ou uma opinião) era dado como equivalente a "admitido", "consagrado", sem conotação pejorativa. Foi Flaubert quem mudou o sentido da expressão *idées reçues?* O sintagma, que não apareceu nos dicionários antes do século XX, já existia bem antes. Porém, foi a obra de Flaubert que lhe conferiu alcance crítico e força total.

Fala-se de *ideias preconcebidas* desde o século XVIII. No entanto, a expressão não tinha sido ainda cristalizada. Seu sentido oscilava entre o valor neutro de "ideias consagradas", "ideias aceitas" e o de "preconceitos", em um contexto antirreligioso. Um dos primeiros a usar a expressão é Voltaire, nas *Lettres philosophiques* (*Cartas filosóficas*) (1715): "É certo que as Santas Escrituras, em matéria de física, adequaram-se sempre às *ideias preconcebidas*; dessa forma, supõem que a terra é imóvel, que o sol se move etc.". As *ideias preconcebidas* equivalem aqui a preconceitos no sentido de ideias adotadas sem pensar. Faz-se referência à relação com a ordem estabelecida, com a crença nas opiniões consagradas, que podem transformar-se em credulidade.

Outros domínios de que a ciência e a religião se ocupam, como o das conveniências, da moral social nas *Maximes et pensées*, de Camfort (1795):

> Parece que, de acordo com as *ideias preconcebidas* no mundo e com a decência social, é preciso que um padre, um pároco, creia um pouco para não ser hipócrita, não tenha certeza do que diz, para não ser intolerante (máxima 22).

O sentido pejorativo de "ideias preconcebidas" não está em contradição com o sentido neutro de ideias "aceitas", "em uso", presente em

---

* N.T.: *Idées reçues* no original. Ainda que "*reçues*" esteja mais próximo de "admitidas" em português, optamos por "ideias preconcebidas", que é a expressão mais usual do sentido em questão.

muitos contextos. No século XVIII, o sintagma não está cristalizado nem estabelecido, e o sentido passivo do particípio passado é perceptível. Está implicada a questão do julgamento individual e da razão frente à opinião das maiorias. As *ideias preconcebidas* são prontamente associadas aos preconceitos do "vulgar", da massa. Como os lugares-comuns, elas põem em jogo uma relação com a tradição, e sua rejeição traduz um movimento idêntico de rejeição à autoridade, intenso quando se trata do terreno religioso, em particular em d'Holbach:

> Em matéria de religião, há pouquíssimas pessoas que não partilham, mais ou menos, das opiniões do vulgar. Todo homem que se distancia das *ideias preconcebidas* geralmente é visto como um exaltado, um presunçoso que se acha insolentemente mais sábio que os outros. (*Système de la nature*, 2ª parte, cap. 11)

Vemos esboçar-se uma mudança de atitude referente à noção aristotélica de *endoxa*, as opiniões "que repousam em um consenso geral ou ao menos representativo" (Von Moos, 1993, p. 7; ver também Compagnon, 1979, p. 131 *et seq.*). As *endoxas* são as crenças admitidas, o provável, aquilo sobre o qual se pode basear um raciocínio, para além das verdades da ciência: "São *prováveis* as opiniões que são admitidas por todos os homens ou pela maioria deles, ou pelos sábios, e entre estes últimos, seja por todos ou pela maior parte deles, seja, enfim, pelos mais notáveis e pelos mais ilustres." (Aristóteles, *Tópicos*, I). (Ver também capítulo "Linguística, retórica e análise do discurso, seção "Retórica e análise argumentativa").

No final do século XVIII, o pequeno círculo de mentes esclarecidas se opõe à opinião da maioria, às crenças estabelecidas, ainda que alguns preconceitos sejam admitidos por razões sociais. Voltaire, por exemplo, defende preconceitos necessários para a conservação social.[1] As *ideias preconcebidas*, entretanto, diferentemente dos lugares-comuns, não estão associadas à noção de trivialidade, mas a uma relação com a autoridade política e social que as sustenta. As *ideias preconcebidas* não são somente ideias prontas que reutilizamos. Seguimo-las, adequamo-nos a elas ou, em caso contrário, contradizemo-las. Desse ponto de vista, é possível contrastar as posições de d'Holbach, assim como as da Sra. de Staël, que denunciam o papel do poder político no apoio às *ideias preconcebidas*, com a atitude de um pensador da reação como Joseph de Maistre, que defende o fundamento das *ideias preconcebidas*. Confrontaremos, então, a proposta da Sra. de Staël (*De l'Allemagne,* 1810): "Porque nos submetemos a certas *ideias preconcebidas*, não como às verdades, mas como ao poder, e é assim que a razão humana se habitua à servidão no próprio campo da literatura e da filosofia", e esse fragmento da 6ª entrevista das *Soirées de Saint-Pétersbourg,* de J. de Maistre (1821): "É esse o espírito que animava Locke. Inimigo de toda autoridade moral, ele era contra as *ideias preconcebidas*, que são uma grande autoridade [...]" (Herschberg Pierrot, 1994).

Salvo exceção, pode-se dizer que, depois de 1820, a expressão "ideias preconcebidas" torna-se, uniformemente, pejorativa para os escritores. A rejeição das *ideias preconcebidas* se laiciza. Marca o protesto do indivíduo diante dos conformismos sociais, das ideias comuns: "Amar, escreve Balzac a Sra. de Berny em 1822, é [...] estar em contradição permanente com todas as *ideias preconcebidas*, é achar um céu horrível quando todo o mundo o vê sem nuvens, é regozijar-se em uma tempestade quando todos tremem". *Le rouge et le noir (O vermelho e o negro)* (1830) opõe os sentimentos de Mathilde de la Mole à norma social: "A marquesa nem se dignou a lhe responder, e a aconselhou a voltar para a cama. Esse foi o último esforço de sabedoria vulgar e de deferência às ideias preconcebidas".

As ideias preconcebidas não são privilégio dos burgueses; a expressão, em seu uso depreciativo, é, antes, um termo de "artista". Inclui, evidentemente, junto com as ideias, uma crítica à linguagem e aos clichês, como as formas exacerbadas de uma linguagem emprestada, incapaz de expressar a subjetividade individual. Aparentemente, o sintagma "ideias preconcebidas" correspondia, então, a uma noção que se foi estabilizando, sobre a qual chegou-se logo a um acordo: são os preconceitos correntes, relacionados com as conveniências, com a moral social.

A locução se cristaliza na primeira metade do século XIX, mas seus componentes (em especial, o valor passivo do particípio passado) seguem sendo evidentes, como se observa nesta opinião pouco amena do *Journal* dos Goncourt sobre Flaubert, com data de 23 de maio de 1873:

> Pelo amor de Deus! Esta semelhança burguesa de seu cérebro com o cérebro de todo o mundo – que no fundo lhe dá raiva, tenho certeza –, essa semelhança, ele a dissimula com paradoxos truculentos, axiomas devastadores, mugidos revolucionários, um contraponto brutal, mal-educado mesmo, com todas as ideias preconcebidas e aceitas.

É de fato Flaubert que dá à expressão "ideias preconcebidas" a sua força crítica, depois de 1850. O autor ressalta a relação das "ideias preconcebidas" com a autoridade e com os modelos normativos, com a ordem social. Ao definir seu projeto de *Dictionnaire des idées reçues*, explica: "Encontraremos ali, então, por ordem alfabética, sobre todos os temas possíveis, *tudo o que é necessário dizer em sociedade para ser um homem conveniente e amável*" (a L. Colet, 17 de dezembro de 1852). Além disso, ele formula esses elementos com uma poética pessoal: "Sempre se é ridículo quando aqueles que debocham estão contra você [...]. Os que debocham estão sempre do lado dos fortes, da moda, das ideias preconcebidas etc. Para viver em paz, não é necessário colocar-se nem do lado daqueles de quem se ri, nem do lado dos que riem" (a L. Colet, 15 de janeiro de 1854). As ideias preconcebidas são ideias dominantes, e Flaubert não deixa de insistir no seu caráter de autoridade: "Saint-Pierre de Rome, obra glacial e declamatória, mas que *devemos admirar*. Está estabelecido: é uma ideia preconcebida" (a L. Colet, 24 de abril de 1852). Se, por um lado, as ideias preconcebidas não têm um conteúdo realmente determinado, por outro, têm como traço comum a convenção social erigida em norma imperiosa, que regula a vida burguesa:

Encontraram-me em Paris "com o frescor de uma jovem", e as pessoas que ignoram minha biografia atribuíram essa aparência de saúde ao ar do campo. É isso o que são as "ideias preconcebidas". Cada qual tem seus costumes [...]. Um homem que não tem senso comum não deve viver de acordo com as regras do senso comum. (À G. Sand, 1º de janeiro de 1869).

O que é que define as *ideias preconcebidas*? Sua relação com a opinião, assim como o seu modo de asserção. Elas inscrevem julgamentos, crenças, maneiras de fazer e de dizer, em uma formulação que se apresenta como uma constatação de evidência e uma afirmação categórica: "Relógio: um relógio só é bom se vem da Suíça"; "Operário: sempre honrado, quando não provoca motins". Elas constituem as evidências básicas de uma sociedade que descreve sua norma de conduta e suas crenças como um fato universal. O dicionário de Flaubert compreende, como vimos, ideias preconcebidas e clichês. As ideias preconcebidas dizem respeito tanto à linguagem quanto aos comportamentos. "Navegador: sempre 'ousado'"; "Saudações: sempre 'cordiais'". Elas são frases prontas para dizer, prontas para pensar, prontas para fazer, prescritas pelo discurso social.

A crítica das ideias preconcebidas faz parte de uma rejeição generalizada à tradição, à norma coletiva, ao discurso do que "se diz". Ela questiona os mecanismos de aceitação da autoridade. É um chamado ao julgamento individual. Mas ainda que na linha dos livres-pensadores do século XVIII, a problemática fundada por Flaubert não partilha mais do belo otimismo das Luzes. A linguagem e as formas da evidência se transformaram em objeto de suspeita. Ao propor um dicionário de ideias preconcebidas, Flaubert optou por mostrar o mecanismo de autoridade das ideias preconcebidas em uma forma aberta, imitando sua interminável ladainha. Também lançou uma moda: são incontáveis as compilações e os dicionários de ideias preconcebidas no século XX, incluindo os pastiches de Flaubert. No entanto, na maior parte dos casos, a ironia fracassa, porque a chacota é uniforme: o imbecil é sempre o outro. O verbete "imbecis" do *Dictionnaire des idées reçues* diz, em contrapartida, com maior sutileza: "Imbecis: aqueles que não pensam como a gente", o que faz do leitor e do autor juntos o alvo da ironia. Assim, o que nos deixou Flaubert com as ideias preconcebidas foi a ideia de uma recusa radical, mas foi também – e ainda não terminou a lição – seu caráter inevitável: nunca escapamos completamente das ideias preconcebidas, nem dos preconceitos, nem dos estereótipos. É abrir a problemática do impensado, em relação a um sujeito que já não é mais o *cogito* consciente de si próprio, mas um sujeito situado na sociedade e na história.

ESTEREÓTIPOS

O "estereótipo" divide com o clichê a sua origem tipográfica. Larousse (1875) define o substantivo ("obra estereotipada") fazendo referência ao adjetivo: "Impresso com placas cujos caracteres não são móveis, e que se conservam para novas tiragens". No século XIX, o substantivo continua vinculado à referência etimológica. A "estereotipia" designa, igualmente, a arte de estereotipar ou a oficina na qual se fazem estereótipos, mas a palavra também é utilizada de maneira metafórica por F. Davin na *Introduction aux études des mœurs du XIXe siècle de Balzac* (1835), em relação aos escritores que, "odiando as fórmulas, as generalidades, a fria estereotipia da velha escola [...], só se apegam a alguns detalhes de individualidade, a especialidades de forma, a originalidades de epiderme". Entretanto, o particípio passado do verbo "estereotipar" adquire, principalmente, um sentido figurado. Do sentido de "impresso por meio de procedimentos de estereotipia", chega-se à ideia de rigidez: "*Fig.* Que não se modifica em nada, que permanece sempre igual". Encontramos, assim, em Dumas (*O Conde de Monte-Cristo*, 1846), a fórmula "sorriso estereotipado", que se transforma ela própria em um clichê do romance-folhetim. A expressão "frase estereotipada", pejorativa, citada por Larousse: "Não temos dimensão da influência das frases ESTEREOTIPADAS: elas são nossa desgraça já há sessenta anos (Privat d'Anglemont)", voltamos a encontrá-la em Renan (em *L'Avenir de la science*, escrito em 1848 e publicado em 1890: "Parecem-me frases estereotipadas que não têm sentido para mim") e nos Goncourt ("os sentimentos repetidamente clamados e as frases estereotipadas", *Charles Demailly*, 1860). Balzac, em *Le Pére Goriot (O pai Goriot)* (1834), escreveu a propósito de uma conversa entre Rastignac e Sra. de Nucingen: "Essas bobagens estereotipadas que usam os principiantes parecem sempre encantadoras às mulheres e só são pobres quando lidas a frio. O gesto, o acento ou o olhar de um jovem lhes agregam valores incalculáveis". Paralelamente ao emprego metafórico, o sentido tipográfico do verbo segue vigente no século XIX, ao passo que na atualidade já não está presente (falamos agora de "volume estereotipado" ou de "edições estereotipadas").

O estereótipo, no sentido de esquema ou de fórmula cristalizada, só aparece no século XX e se transforma em um centro de interesse para as ciências sociais desde os anos 1920. O publicitário norte-americano Walter Lippmann foi o primeiro a introduzir a noção de estereótipo em sua obra *Opinion publique (Opinião pública)*, em 1922. Designa, com esse termo, retirado da linguagem cotidiana, as imagens de nossa mente que medeiam nossa relação com o real. Trata-se de representações cristalizadas, de esquemas culturais preexistentes, através dos quais cada um filtra a realidade do entorno. Segundo Lippmann, essas imagens são indispensáveis para a vida em sociedade. Sem elas, o indivíduo ficaria submerso no fluxo e refluxo da sensação pura; ser-lhe-ia impossível compreender o real, categorizá-lo ou atuar sobre ele. Como examinar cada ser, cada objeto em sua especificidade própria e em detalhe sem vinculá-lo a um tipo ou a uma generalidade? Semelhante procedimento, diz Lippmann, seria exaustivo no curso da existência e praticamente fora de questão. Não tendo nem o tempo nem a possibilidade de se conhecer intimamente, cada indivíduo observa no outro algum traço que caracteriza um tipo bem conhecido e preenche o resto com os estereótipos que têm em mente: o operário, o proprietário, a professora, o negro. É desse modo que o empregado conduz suas relações com seu empregador ou que o eleitor vota em um candidato que não conhece de perto. Essas imagens de nossa mente são fictícias, não porque sejam mentirosas, mas porque expressam um imaginário social.

Esta reflexão pioneira deu lugar rapidamente a uma quantidade de trabalhos, principalmente na área da psicologia social (ver capítulo "A noção de estereótipo nas ciências sociais"), que tentaram delimitar com maior precisão essa noção vaga. Em um primeiro momento, contrariamente às sugestões de Lippmann, os psicólogos sociais norte-americanos insistiram no caráter redutor e nocivo dos estereótipos. Colocaram-nos sob o signo da pejoração, mantendo-se assim fiéis à acepção comum do termo. Na medida em que o estereótipo responde ao processo de categorização e de generalização, simplifica e recorta o real. Então, pode provocar uma visão esquemática e deformada do outro que acarreta preconceitos. Nesse sentido se orientam, em um primeiro momento, muitas tentativas de definição:

> Crenças sobre as classes de indivíduos, grupos ou objetos que são preconcebidos, isto é, que não recebem uma apreciação nova de cada fenômeno, mas hábitos de julgamento e expectativas rotineiras [...]. Um estereótipo é uma crença que não é dada como uma hipótese confirmada por provas, mas é, antes, considerada, de maneira inteira ou parcialmente equivocada, como um fato dado. (Jahoda, 1964, p. 694)

> Clichês, imagens preconcebidas e cristalizadas, sumárias e parciais das coisas e dos seres que os indivíduos fazem sob a influência de seu meio social (família, entorno, estudos, profissão, círculos sociais, meios de comunicação de massa etc.) e que determinam em maior ou menor grau nossas maneiras de pensar, de sentir e de agir. (Morfaux, 1980, p. 34)

> Maneiras de pensar por clichês, que designam as categorias descritivas simplificadas baseadas em crenças e em imagens redutoras, através das quais qualificamos as demais pessoas ou outros grupos sociais, objetos de preconceitos. (Fischer, 1996, p. 133)

Notemos, de passagem, que o termo "clichê", que aparece em algumas definições como sinônimo de estereótipo, não foi retido na prática. As insuficiências do estereótipo são as que se colocam, primeiramente, em evidência, tal como demonstra o comentário de John Harding na *Encyclopédie internationale des sciences sociales* no final dos anos 1960: o estereótipo é mais simples que complexo e diferenciado; mais errôneo que correto; adquirido de segunda mão mais que por uma experiência direta com a realidade que supostamente representa; enfim, ele resistente à mudança (1968, p. 259). Entretanto, Harding, como outros antes e depois dele, não deixava de relativizar as censuras tradicionalmente dirigidas ao estereótipo. Desde os anos 1950, muitos psicólogos sociais norte-americanos, ou inspirados nas pesquisas norte-americanas, questionaram os critérios de desvalorização do estereótipo. Sem dúvidas, constitui um julgamento não crítico, um saber de segunda mão, mas – assinalam – o mesmo acontece com uma porção importante de nossos conhecimentos e crenças, como, por exemplo, que a terra gira, ou que Cristóvão Colombo descobriu a América. O estereótipo é cristalizado e rígido, mas a maioria dos conceitos e das crenças compartilhadas não dão mostras de uma grande estabilidade que os impede de ser facilmente modificados? O estereótipo esquematiza e categoriza, mas esses procedimentos são indispensáveis para a cognição, mesmo quando conduzem a uma simplificação e a uma generalização, às vezes, excessivas. Temos necessidade de relacionar aquilo que vemos a modelos preexistentes para poder compreender o mundo, realizar previsões e regular nossas condutas.

Objeto das mais severas denúncias, o estereótipo passa a ser, desse modo, o objeto de uma reabilitação que permite destacar suas funções construtivas. Definições alternativas foram propostas a fim de relativizar ou neutralizar os aspectos depreciativos do fenômeno:

> Conjunto de crenças relativas aos atributos pessoais de um grupo humano. Em razão do desacordo sobre a questão da rigidez ou a exatidão dos estereótipos, uma definição geral dessa ordem oferece um ponto de partida razoável para a investigação. (Stroebe e Insko, em Bar-Tal, 1989, p. 5)

> Crenças compartilhadas relativas às características pessoais de um grupo humano, geralmente traços de personalidade, mas também com frequência comportamentos. (Leyens, 1994, p. 11)

Essa reavaliação, que se aproxima em grande medida das posições enunciadas por Walter Lippmann em 1922, nunca substituiu completamente a apreciação pejorativa: curiosamente, coexiste com ela já há várias décadas. É nessa perspectiva que podemos falar da bivalência constitutiva da noção de estereótipo no pensamento contemporâneo (Amossy, 1991).

Seja tomando-o em um sentido pejorativo, seja tomando-o em um sentido neutro, as ciências sociais fazem do estereótipo um conceito bem definido, que permite analisar a relação do indivíduo com o outro e consigo mesmo, ou as relações entre os grupos e seus membros individuais (ver capítulo "A noção de estereótipo nas ciências sociais"). Outros usos eruditos, em especial nas ciências da linguagem, veem no estereótipo uma representação simplificada, associada a uma palavra (ver capítulo "Linguística, retórica e análise do discurso"). No uso comum, entretanto, o termo estereótipo continua geralmente designando uma imagem coletiva cristalizada, considerada sob um ângulo pejorativo: o velho judeu avarento, a menina pura e inocente, o sábio distraído. Frequentemente, é assimilado ao clichê quando se insiste na sua banalidade, em seu caráter de automatismo redutor. O uso vulgar coexiste, assim, com o uso erudito, que vai além da questão da falta de originalidade para se colocar em toda a sua amplitude nos meios sociais e da comunicação.

A NOÇÃO DE ESTEREÓTIPO NAS CIÊNCIAS SOCIAIS

Foi principalmente a psicologia social, definida como o estudo das relações e dos processos da vida social (Fischer, 1996, p. 14) ou ainda como "a ciência da interação e das relações em todas suas acepções" (Maisonneuve, 1996, p. 11), que teorizou a noção de estereótipo. As "imagens da nossa cabeça", postas em evidência pela obra pioneira de Walter Lippmann (ver capítulo "História das noções"), foram, durante várias décadas, objeto de múltiplas investigações. Realizadas nos Estados Unidos e na psicologia social de inspiração anglo-saxã, elas se distinguem desde os anos 1930 por sua veia empírica. Os trabalhos realizados sobre a natureza, as funções e os efeitos sociais do estereótipo são, de fato, continuados graças a um número considerável de pesquisas de campo e com experimentos. Outros setores das ciências sociais, e em particular a sociologia e a etnologia, também fizeram uso da noção de estereótipo. Eles a utilizam, no entanto, de modo menos massivo e menos sistemático; em relação a isso, é significativo que o termo esteja muitas vezes ausente nos dicionários de sociologia e nos índices de palavras-chave. A centralidade do estereótipo e a importância das pesquisas desenvolvidas sobre esse assunto em psicologia social explicam o lugar concedido a essa disciplina no presente capítulo, o que não impedirá incursões nos outros setores, em que a noção de estereótipo se prova fecunda, em particular nos estudos culturais e interculturais.

PRIMEIRAS PESQUISAS SOBRE OS CONTEÚDOS DOS ESTEREÓTIPOS: OS MÉTODOS DA PSICOLOGIA SOCIAL

Com o propósito de estudar as relações e as interações sociais, a psicologia social se propõe a analisar a imagem que os membros de um grupo fazem de si mesmos e dos demais. Para tal objetivo, foi retomada e adaptada a noção de estereótipo forjada pelo jornalista Walter Lippmann, que considerava que o real era necessariamente filtrado por imagens e representações culturais preexistentes (ver capítulo "História das noções"). De fato, a imagem que nós fazemos dos outros passa por categorias às quais os vinculamos. Diremos, por exemplo, que um é alemão, um outro é bretão ou árabe, que alguém é negro ou judeu; mencionaremos que é socialista ou direitista, advogado ou encanador. A isso se agrega, com certeza, o pertencimento a um sexo ou a uma geração. Por outra parte, a imagem que o indivíduo tem de si mesmo está igualmente determinada por seu pertencimento a um ou vários grupos. Ele se vê a si mesmo como francês ou árabe, como operário, executivo ou intelectual, como da capital ou do interior. As representações coletivas cristalizadas, necessariamente sumárias, que se relacionam a cada categoria têm um impacto considerável sobre a identidade social. E, além disso, elas influenciam nas relações que os grupos e seus membros estabelecem entre si.

A preocupação em detectar as imagens e as crenças que estigmatizam um grupo e os membros que o compõem explica o interesse que despertaram desde o começo do século os estereótipos étnicos e raciais. Diversos tipos de pesquisas buscam, assim, delimitar os estereótipos que prevalecem: essencialmente implantada nos Estados Unidos, a investigação adquire um caráter empírico marcado. Recorreu-se, inicialmente, a fotografias, depois a questionários. Nos anos 1926-1927, S. A. Rice apresentou a um grupo de participantes nove fotos tiradas de um jornal, o *Boston Herald*, e pediu-lhes que relacionassem as pessoas representadas com algumas das categorias seguintes: um primeiro-ministro europeu, um senador norte-americano, um bolchevique, um economista etc. Os resultados confirmaram a hipótese inicial: o reconhecimento opera bem em função do grau de compatibilidade da foto com uma imagem familiar. Assim, o contrabandista de álcool foi facilmente encontrado pelo seu traje e seu enorme cigarro, ao passo que o bolchevique (na realidade, era o embaixador da URSS em Paris), distinto e elegante, não foi reconhecido.

No entanto, o teste de Rice carece de precisão e não permitia determinar os conteúdos do estereótipo. Como saber a que imagem estereotipada do bolchevique (descuidado, sisudo, portador de uma bomba?) não correspondia à foto selecionada? Para determinar com exatidão as imagens que circulavam na sociedade norte-americana da época, D. Katz e K. Braly desenharam, em 1933, um método por questionários que fez história.[2] Entregaram a cem estudantes da Universidade de Princeton uma lista de 84 adjetivos selecionados previamente que deviam relacionar a dez grupos diferentes: alemães, italianos, irlandeses, ingleses, negros, judeus, norte-americanos, chineses, japoneses, turcos. Os estudantes deviam, depois, sublinhar os cinco traços que consideravam predominantes para cada um dos grupos examinados. Katz e Braly descreveram, a partir disso, os conteúdos de diferentes estereótipos étnicos: o nome do grupo se vinculava à constelação de supostos atributos, a quantidade indicando a porcentagem de respostas para cada atributo. *Negro:* supersticioso (84), preguiçoso (75), indolente (38), ignorante (38), musical (26), chamativo (24), muito religioso (22), sujo (17), ingênuo (14), descuidado (13), pouco confiável (12). *Alemão:* espírito científico (78), trabalhador (65), fleumático (44), inteligente (32), metódico (31), extremamente nacionalista (24), progressista (16), eficaz (16), jovial (15), musical (13), tenaz

41

(11), prático (11). Esse método, baseado em uma lista de atributos que os sujeitos relacionam com um tema, tem a vantagem de sua simplicidade; ele contribuiu amplamente para modelar os estudos sobre o estereótipo no campo das ciências sociais.

DA RIGIDEZ DOS ESTEREÓTIPOS

Os estereótipos assim destacados, considerados rígidos e resistentes a mudanças, foram visados pelo método de Katz e Braly, cujo intuito foi o de verificar quais os fatores suscetíveis de modificar as representações coletivas cristalizadas. Então, buscou-se medir empiricamente o impacto dos conflitos armados sobre os estereótipos de grupos nacionais. A imagem dos japoneses em 1933 foi confrontada à que se depreendia dos questionários nos anos 1940, durante o conflito armado entre Japão e Estados Unidos. Depois do ataque de Pearl Harbor, os japoneses, percebidos no começo como essencialmente inteligentes (45) e trabalhadores (43), são descritos pelos norte-americanos como astutos, traidores, cruéis e muito nacionalistas. Vinte anos depois da guerra, no entanto, o estereótipo do japonês parece reajustar-se ao modelo dos anos 1930. Algumas variações do estereótipo podem ser causadas também por mudanças econômicas. Dá-se como exemplo a imagem positiva que os californianos tinham dos chineses nos anos 1860, antes da guerra civil, e a maneira como essa imagem se degradou quando a competição pelos postos de trabalho foi fortemente recrudescida.

Nesse contexto, é interessante mencionar que algumas correntes posteriores, como a "psicologia discursiva" de Edwards e Potter (1992), propõem não tratar as categorizações sociais como entidades rígidas: segundo eles, elas são construídas discursivamente em diferentes contextos sociais, com vista a determinados objetivos, e emergem da utilização que fazemos da linguagem para realizar atos como a persuasão, a culpabilização, a refutação etc. A estereotipia aparece aqui como prática discursiva situada, mais do que como processos cognitivos (Augustinos e Walker, 1998, p. 642). Nessa perspectiva, advém de vários estudos empíricos que os estereótipos variam em função de circunstâncias e de objetivos da troca verbal e são muito mais fluidos e inconsistentes do que se admitia até então.

ESTEREÓTIPO E PRECONCEITO

Katz e Braly, assim como os que os sucederam, não tinham, no entanto, como único objetivo fazer uma medição científica dos conteúdos dos estereótipos selecionados. Eles queriam verificar em que medida a avaliação negativa de um grupo e a atitude desfavorável que essa avaliação gerava derivavam das características que lhes eram atribuídas pela opinião pública. Uma pergunta semelhante já estava implícita no estudo de E. S. Bogardus, que desde 1925 havia estabelecido uma escala de graus de intimidade que os sujeitos entrevistados estavam dispostos a admitir com os membros de um determinado grupo. Seu questionário perguntava a cada um se aceitaria receber um negro ou um chinês como membro de sua família, como amigo íntimo, como vizinho, como cidadão de seu país. Na mesma perspectiva, Katz e Braly tinham em conta a medida em que os traços selecionados para cada grupo étnico eram considerados como desejáveis ou indesejáveis (eles haviam pedido a um outro grupo de estudantes para avaliar previamente os 84 adjetivos da lista em termos preferenciais). O resultado mostrava uma definição de preconceito "racial" como conjunto de estereótipos relacionados com reações emocionais que compreendiam a crença em traços típicos associados a uma raça.

A vinculação do estereótipo e do preconceito permaneceu como regra nas ciências sociais, de maneira que chegam às vezes a confundir as duas noções. Assim, o *Lexique des sciences sociales* (1983) indica no verbete "estereótipo": "Preconceito é mais comum, mas mais pejorativo e carregado afetivamente". A maioria dos psicólogos sociais tendem, no entanto, a dissociar a dimensão classificatória e a tendência emocional. Assim, o estereótipo aparece como uma crença, uma opinião, uma representação relativa a um grupo e seus membros; enquanto o preconceito designa a atitude adotada em relação aos membros do grupo em questão. Harding vê no preconceito "uma atitude em relação aos membros de um grupo externo na qual domina a tendência à avaliação negativa predominante" (Harding, 1968). Outros falam de atitude negativa injustificável. Recordemos que a atitude se define como a posição que adota um agente individual ou coletivo em relação um objeto dado, posição que se expressa por sintomas e que regula condutas. Podemos dizer, então, que o estereótipo do negro, do japonês ou do alemão é a imagem coletiva que circula, o conjunto de traços característicos que se lhes atribui. O preconceito seria a tendência a julgar desfavoravelmente um negro, um japonês ou um alemão somente pelo fato de pertencer a um grupo.

Uma tripartição é, então, imposta nos anos 1960, que depois de um eclipse reapareceu nos anos 1980. Ela estabelece uma distinção entre o componente cognitivo (o estereótipo de negro), o componente afetivo (o preconceito ou a hostilidade experimentada com respeito a ele) e o componente comportamental: a **discriminação** ou o fato de desfavorecer um negro por pertencer a essa categoria, sem ter em conta suas capacidades nem seus méritos individuais. Se representar um negro como preguiçoso e irresponsável remete ao estereótipo, manifestar-lhe desprezo ou hostilidade remete, por sua vez, ao preconceito; e negar-lhe, por causa disso, o acesso a um cargo constitui um ato de discriminação. Note-se que esses três aspectos não estão estreitamente ligados como tendemos a pensar em um primeiro momento. De fato, parece que um não implica necessariamente o outro. Podemos pensar que os escoceses são avaros sem sentir em relação a eles nenhuma hostilidade particular; ou ter algumas reticências contra os árabes ou os judeus sem por isso excluí-los do âmbito de vivência ou do trabalho.

Isso não quer dizer que não exista nenhuma relação entre nosso comportamento, nossa atitude a respeito de um grupo e a imagem que fazemos dele. Simplesmente, essa relação é às vezes mais complexa do que acreditamos. Assim, Gordon Allport, em *La Nature du préjugé* (1954), estima que o estereótipo legitima frequentemente uma antipatia preexistente, no lugar de ser a causa desta. Vê-se a prova disso nas investigações de Adorno e seus colaboradores sobre os judeus nos Estados Unidos. Ao pedir-lhes que dissessem se aceitavam ou recusavam determinadas afirmações acerca dos judeus, as mesmas pessoas emitem curiosamente duas declarações contraditórias: consideram ao mesmo tempo que os judeus não são queridos porque tendem a ficar demais entre eles; e que não são queridos porque se metem muito nas atividades dos cristãos: que os judeus mantêm demais seus próprios costumes em detrimento do modo de vida norte-americano e que estão equivocados ao buscar dissimular seu judaísmo imitando os costumes de seu entorno social. Quer dizer que não são os atributos do grupo o que leva a uma atitude desfavorável a seu respeito, mas a rejeição *a priori* que se mune de justificações, mobilizando todos os estereótipos disponíveis.

A AMEAÇA DO ESTEREÓTIPO

Ligada à relação entre o estereótipo e o preconceito, a noção de **ameaça do estereótipo** foi introduzida em 1995 por Claude Steele e Joshua Aronson e se tornou um dos assuntos mais estudados da psicologia social. Essa perspectiva fundada nas pesquisas experimentais coloca em evidência os julgamentos pejorativos que trazem: os estereótipos que circulam pelo grupo ao qual o indivíduo pertence têm um efeito palpável sob sua performance. Os pesquisadores examinam, então, o efeito do estereótipo negativo do ponto de vista da pessoa estereotipada. Eles se perguntam sobre a maneira com que a consciência de ser catalogado e depreciado em razão de seu pertencimento (racial, étnico, de gênero, de classe etc.) afeta suas capacidades e seu comportamento em diversas situações, entre as quais as situações de teste ou de competição. Assim, "a existência de estereótipos que afirmam a inferioridade intelectual de grupos marginalizados cria um ambiente intelectual ameaçador para os indivíduos estigmatizados – um ambiente no qual tudo o que dizem ou fazem poderá ser interpretado através do prisma de baixas expectativas" (Inzlicht e Schmader, 2011). Desde então, é a existência do estereótipo negativo que enfraquece as capacidades às quais ele se aplica, acarretando, assim, uma espécie de círculo vicioso, uma confirmação do preconceito que pesa sobre eles (é o fenômeno da profecia autorrealizável).

Désert, Croizer e Leyens (2002, p. 556) percebem que há efeitos de curto prazo: uma perturbação do funcionamento cognitivo e do comportamento; e efeitos de longo prazo: uma não identificação do domínio em questão para proteger sua autoestima. Assim, por exemplo, alguns podem abandonar seus estudos ou não escolher uma área profissional particular para a qual o estereótipo designa seu grupo de filiação como pouco adequado.

Steele e Joshua investigaram em um primeiro momento a maneira como os estereótipos negativos imputam aos negros uma inteligência inferior, influenciando sua performance. Alguns estudantes negros e brancos foram divididos em dois grupos, os quais realizariam um teste. O primeiro grupo foi informado que passaria por um teste de quociente intelectual enquanto o segundo acreditava que se tratava de uma simples verificação dos processos mentais envolvidos no exercício, sem menção a capacidades intelectuais. Foi averiguado que os negros tiveram desempenho muito melhor no segundo caso. É então essa a ameaça que faz pesar o estereótipo negativo e o medo de ser julgado com base nisso, confirmando assim a inferioridade do grupo que afetou o desempenho dos estudantes que acreditavam estar submetidos a um teste de inteligência. Na vida cotidiana, quando vários tipos de pistas aparecem, assinalando a possibilidade de uma desvalorização em função de um pertencimento identitário, efeitos similares de degradação de desempenho podem ser constatados. A intensidade da ameaça e seu efeito sobre o desempenho dependerão da importância que o indivíduo atribui ao domínio em questão – por exemplo, se o êxito escolar lhe é particularmente importante ou se a matemática ou os esportes têm um papel preponderante na sua vida. Eles também dependem da força dos índices que sugerem que a estereotipia desvalorizadora está ativada na circunstância – portanto, da consciência que o indivíduo tem da imagem negativa que aqueles que o rodeiam têm dele, de acordo com o grupo ao qual pertence.

Numerosos experimentos examinaram os efeitos da ameaça do estereótipo em vários tipos de casos: o baixo desempenho de latino-americanos nos Estados Unidos, de pessoas de baixo nível socioeconômico, de idosos em relação à memória, ou ainda (um assunto muito explorado) o desempenho das mulheres, supostamente inferior ao dos homens em matemática. Isso levou psicólogos sociais a questionar como é possível reduzir, se não neutralizar, a ameaça do estereótipo, a fim de permitir que membros de grupos estigmatizados desenvolvam todo o seu potencial. Em sua revisão de 2002, Steele e seus colegas discutiram as várias maneiras de garantir uma "segurança identitária" que frustra a influência da ameaça de estereótipos. Eles destacaram algumas respostas, examinando principalmente experiências feitas em ambientes universitários americanos. Apontaram, entre outras coisas, a importância das relações de amizade estabelecidas com o grupo que *a priori* supostamente desvalorizaria o indivíduo pertencente a um grupo estigmatizado, ou o papel benéfico dos modelos positivos pertencentes ao grupo em questão (Obama para os afro-americanos, por exemplo). Também trataram da importância do contexto, para a desativação de sinais que poderiam ativar a consciência do sujeito sobre o estereótipo exercido que joga contra ele. Assim, podemos colocar em evidência que o meio (universitário, empresarial etc.) valoriza a diversidade e acolhe um grande número de negros ou negar a ideia de capacidades intelectuais limitadas inatas do grupo estigmatizado, substituindo pela ideia de que a inteligência é maleável e que é capaz de se desenvolver, o que evita fixar o indivíduo em uma representação negativa. Ademais, cada um pode tentar neutralizar a ameaça por meio de estratégias pessoais como o uso do humor, que às vezes reconhece e refuta as insuficiências que lhe atribui o estereótipo.

A QUESTÃO DA ADEQUAÇÃO AO REAL

Pode-se perguntar, no entanto, até que ponto essas imagens coletivas, cujo efeito nocivo é comprovado, baseiam-se em quaisquer bases de evidência. Essa questão está na origem da hipótese do "essencial ou fundo de verdade", que forneceu material para muitos debates em estudos de estereótipos. É possível que uma imagem que não corresponde à realidade de maneira alguma se imponha persistentemente para um vasto número de indivíduos? Não é mais provável que os traços atribuídos a um grupo derivem, pelo menos parcialmente, de uma observação correta ou de uma experiência compartilhada?

Os resultados de diversas investigações mostram, no entanto, que os estereótipos podem se propagar sem qualquer base objetiva. Assim, em uma localidade californiana, os armênios eram considerados como desonestos, mentirosos e golpistas, ao passo que os registros da Associação de Comerciantes não forneciam nenhum dado que justificasse essas apreciações. Mais impressionante ainda é o caso da imagem negativa dos judeus em uma comunidade da Guatemala, na qual nenhum dos membros jamais havia visto um judeu. Durante as entrevistas, surgiu a informação de que a comunidade havia ouvido falar que os judeus eram os assassinos de Cristo, assimilando-os ao diabo deicida de um mito local. O estereótipo aparece ali como uma construção imaginária que não reflete em absoluto o real.

Na sociedade contemporânea, as construções imaginárias, cuja adequação ao real é duvidosa, senão inexistente, são favorecidas pelos meios de comunicação, pela imprensa e pela literatura de massa. Com frequência, o público forja, pela televisão ou pela publicidade, uma ideia de um grupo nacional com o qual não tem nenhum contato. As crianças e os adolescentes tomam conhecimento de algumas realidades através das séries de televisão, das histórias em quadrinhos e também dos livros escolares. O impacto dessas representações resulta poderoso não só no caso dos grupos dos quais não se tem um conhecimento efetivo, mas também no caso daqueles com os quais se tem um contato cotidiano ou aos quais se pertence. A imagem da mulher, que foi objeto de numerosas investigações, é um exemplo deste ponto. Foram realizados estudos sobre as imagens tradicionais da mulher como mãe, dona de casa ou objeto estético que as publicidades de televisão divulgam, ou ainda estudos consagrados à relação entre o tempo que as crianças passam diante da televisão e sua interiorização dos estereótipos sexuais dominantes. Também se analisaram os papéis tradicionalmente atribuídos aos dois sexos na imprensa feminina, nas histórias em quadrinhos e nos manuais escolares. Daí surge claramente que a visão que temos de um grupo é o resultado de um contato repetido tanto com representações inteiramente construídas quanto de representações filtradas pelo discurso das mídias. O estereótipo seria principalmente resultado de uma aprendizagem social (sobre os mecanismos da "socialização do gênero", ver Détrez, 2015, 2ª parte).

Poderíamos pensar que bastaria se referir à observação direta para validar ou invalidar os estereótipos. No entanto, parece que essa observação também é pouco confiável. O que percebemos está moldado a partir das imagens coletivas que temos incorporadas em nossa mente. Dizia Lippmann que o que vemos é o que nossa cultura definiu previamente por nós. Isso se confirma eloquentemente em uma experiência realizada em sala de aula, em que se deu a crianças brancas norte-americanas uma foto de uma bonita casa. Depois de ser recolhida a foto, foi perguntado o que fazia a mulher negra na casa. Uma grande quantidade de crianças respondeu que fazia a limpeza, quando na realidade não havia nenhuma mulher negra na foto (Klineberg, 1963). Em outra experiência, também realizada nos Estados Unidos, projetaram-se sequências filmadas que apresentavam uma briga entre duas pessoas, em que uma delas dá um empurrão na outra; uma vez era uma pessoa negra e outra vez era uma pessoa branca. Diante de um comportamento agressivo ambíguo, o comportamento foi interpretado como ameaçador por 70% das pessoas consultadas quando se tratava de um negro e somente por 15% quando se tratava de um branco (quem quer que fosse o agredido). A razão disso é que os negros são representados em geral como impulsivos e violentos. Desse modo, o estereótipo pode determinar a visão do Outro até o ponto de moldar o testemunho dos sentidos e da memória: ele produz efeitos flagrantes de percepção seletiva.

Esses exemplos parecem desautorizar a hipótese do núcleo de verdade. Não parece, no entanto, que os conteúdos dos estereótipos sejam totalmente arbitrários e errôneos. Eles podem ter uma âncora na realidade e fundar-se em uma base factual observável. É, todavia, a explicação desses dados que resulta problemática. Com efeito, ao estereotipar os membros de um grupo, relacionamos a uma essência imutável traços que derivam de fato de seu estatuto social ou dos papéis sociais que lhes são conferidos. Assim, o estatuto socioeconômico dos árabes na França e na Bélgica é globalmente inferior ao dos cidadãos nascidos nesses países; eles podem, portanto, ser vistos com maior frequência em funções que implicam uma competição menor. Essa inferioridade social é interpretada como uma característica inerente ao grupo no estereótipo do argelino ou do marroquino. Do mesmo modo, os comportamentos da mulher refletem papéis sociais: o que se espera dela determina seus modos de fazer e de ser. Ela aparecia, assim, como preocupada com o bem-estar do seu ambiente social e como dedicada, ao passo que os homens apareciam como mais desejosos de se impor e de controlar seu ambiente social. Não se trata aqui de traços inatos definindo a feminilidade como tal, mas de efeitos da distribuição social de papéis entre os sexos. Christine Détrez aproxima os **estereótipos de gênero** dos estereótipos raciais, por serem "não uma simplificação a partir de uma realidade existente, mas uma construção fictícia, elaborada a partir de representações e de crenças equivocadas" (Détrez, 2015, p. 79). Eles implicam igualmente relações de poder e de dominação.

A pregnância dos estereótipos leva com frequência a um círculo vicioso. Percebidos como menos competentes em razão de sua posição socioeconômico, os árabes não serão promovidos a postos de alta competição e continuarão a ser vistos em situação de inferioridade.

Educadas em função da ideia que se tem da feminilidade, as meninas serão levadas a adquirir as atitudes necessárias para cumprir as funções que lhes estão destinadas. Assim, uma pesquisa realizada na França, nos anos 1960, sobre a imagem da mulher mostra que, em um ambiente de famílias abastadas, ainda existe uma tendência a considerar que uma educação muito alta desvia a menina do papel que sua "natureza" a inclina a desempenhar, a saber, o lar e a educação dos filhos.[1] Ao aderir ao estereótipo, escolhe-se para as meninas uma formação que leva a reproduzir isso. Seguindo a mesma lógica do círculo vicioso, ou da profecia que provoca sua própria realização, os membros dos grupos estigmatizados vêm a se conformar à imagem desvalorizada que os remete a um ambiente hostil. Interiorizando o estereótipo discriminatório, eles são levados a ativá-lo em seu próprio comportamento.

Vemos que a questão da veracidade dos estereótipos está amplamente ultrapassada. As ciências sociais hoje tendem a deslocá-lo para a questão do uso que se faz dos estereótipos. Não se trata de realizar as verificações sempre problemáticas da exatidão dos esquemas coletivos cristalizados, mas de ver como o processo de estereotipia afeta a vida social e a interação entre os grupos. Em outras palavras, os estereótipos não devem ser considerados como corretos ou incorretos, mas como úteis ou nocivos (Leyens, 1996, p. 28).

AS ORIGENS DO ESTEREÓTIPO: TEORIAS DA PERSONALIDADE E DO CONFLITO SOCIAL

Mas qual é a origem destes estereótipos que impedem as boas relações entre membros de grupos diferentes? Essa pergunta, que não deixa de ser preocupante, recebeu respostas muito diversas. As raízes do estereótipo e do preconceito foram buscadas tanto nas motivações individuais de tipo psicológico como nos fatores sociais. Consideramos inicialmente o primeiro enfoque, que culminou nos anos 1940 e 1950, e que ilustra trabalhos como os de T. W. Adorno. Essa perspectiva, chamada

psicodinâmica, toma alguns conceitos da psicanálise para relacionar o preconceito e o estereótipo com problemas individuais e com conflitos intrapessoais. Em outras palavras, a fonte das representações hostis do Outro deveria ser buscada em um dinamismo psíquico, na estrutura profunda da personalidade, mais que nos condicionamentos intrínsecos da vida social.

O estudo, já clássico, de Adorno e de seus colaboradores sobre *La Personnalité autoritaire* (*Estudos sobre a personalidade autoritária*) (1950) busca determinar os mecanismos psíquicos que estão em jogo nos indivíduos particularmente propensos ao estereótipo e ao preconceito. Essa investigação, conduzida no término da Segunda Guerra mundial, ocupou-se particularmente do problema do fascismo. A equipe de Adorno via na síndrome autoritária o principal responsável pelo fascismo e pelo antissemitismo. Pleiteava que alguns indivíduos manifestam mais que outros uma verdadeira propensão ao fascismo. Tratar-se-ia daqueles que haviam sido submetidos em sua infância a uma autoridade avassaladora – geralmente paterna – que não admitia discussão. Valores rígidos, fixados de uma vez para sempre, haviam-lhes sido impostos sem possibilidade de análise crítica e de escolha individual. As crianças cegamente submetidas à lei paterna desenvolvem um culto à autoridade que os leva a adotar passivamente os valores e as imagens que lhes são ensinados. Manifestam uma tendência a pensar em termos simplistas e dicotômicos que favorecem a assimilação dos estereótipos. Deixam-se seduzir facilmente por demagogos que os manipulam. Ademais, uma repressão tão severa somente pode eliminar toda manifestação de hostilidade para com os membros do ambiente próximo, já que equivaleria a quebrar um tabu. Resulta que a agressividade, na busca de um escape, volta-se contra indivíduos pertencentes a um grupo exterior. Trata-se de um deslocamento de valor catártico.

A indissolubilidade da ligação entre personalidade autoritária e fascismo foi, no entanto, questionada. Segundo alguns, seria apenas um caso entre muitos outros. Adorno haveria cometido o erro de limitar o autoritarismo aos partidários da política de extrema direita, quando também existe autoritarismo nos círculos de esquerda. Assim, M. Rokeach[3] iniciou investigações em um pequeno grupo de comunistas britânicos que se distinguem por sua admiração pelos dirigentes de esquerda e por seu ódio à burguesia.

A origem dos estereótipos desvalorizantes atribuídos ao outro é frequentemente concebida em termos de tensões sociais mais que em termos de personalidade. Assim, a *teoria dos conflitos sociais*, introduzida por Muzafer Sherif, vê nas situações competitivas o principal motor da estereotipia e do preconceito. Com a colaboração de alguns colegas, Sherif verificou sua hipótese, organizando acampamentos de férias destinados a adolescentes norte-americanos. Nesse contexto, os experimentadores favoreceram o surgimento de duas equipes rivais que teriam cada um suas normas e seus líderes. Depois de uma primeira fase de isolamento para favorecer a coesão de cada grupo, uma segunda fase os opôs em situações concretas de competição. Isso favoreceu o surgimento de uma atitude hostil, acompanhada de uma imagem depreciativa do outro grupo, com cujos membros os contatos amistosos foram interrompidos. Em uma terceira fase, intentava-se persuadir cada grupo a adotar pontos de vista e atitudes favoráveis em relação ao outro grupo, o que terminou em um fracasso total. Apenas quando as duas equipes foram reunidas em atividades que requeriam uma estreita cooperação contra um perigo externo é que a situação pôde evoluir no sentido de uma melhora. Nesse quadro, a "teoria realista do conflito" apresenta o estereótipo como resultado da competição para a apropriação de recursos limitados.

Nesse mesmo espírito, o estereótipo desvalorizante aparece como um instrumento de legitimação em diversas situações de dominação. Não é só quando há competição e conflito que a imagem depreciativa do outro cumpre funções importantes, mas também nos casos de subordinação de um grupo étnico ou nacional a outro. De fato, "a promulgação de imagens de superioridade-inferioridade em uma sociedade é [...] um dos meios de que se utiliza o grupo dominante para manter sua posição" (Sherif e Sherif, 1969, p. 277). Então, são os interesses do grupo de poder que suscitam uma imagem dos dominados, adequada para justificar sua subordinação. Se, por exemplo, os britânicos definiam os indianos em termos de inferioridade, não era porque essa imagem estereotipada traduzia a realidade dos fatos, mas porque a imposição dessa imagem, ratificando as relações de forças existentes, garantia os méritos da colonização.

Vemos, nesta perspectiva, quão controversa é a hipótese segundo a qual só seria benéfico um contato contínuo entre os membros dos grupos implicados em uma relação de competição ou de dominação. A "hipótese do contato" se baseia realmente na ideia de que o estereótipo degradante é principalmente fruto da ignorância: ele derivaria de uma informação insuficiente ou errônea. Daí a ideia de pôr em contato os membros de grupos que têm preconceitos recíprocos para que eles pudessem confrontar o estereótipo negativo à realidade e modificá-lo em consequência. Essas premissas vão ao encontro das posições defendidas por Sherif: estimando que as situações conflituosas constituem a principal fonte dos estereótipos negativos, ele só concebe a resolução em uma modificação radical dos dados de base. O contato em si é insuficiente; por outro lado, não é nunca neutro, a relação com o outro estando sempre mediatizada por uma imagem preexistente. Nas regiões multiculturais, sabe-se por experiência que um contato prolongado entre grupos em conflito pode exacerbar a tensão mais que resolvê-la.

Tendo em conta todos esses dados, os especialistas da comunicação intercultural intentam hoje implementar uma pedagogia destinada a aproximar os participantes de diversos países. Assim, J.-R. Ladmiral e E.-M. Lipiansky, que se ocupam das relações franco-alemãs, são muito conscientes do fato de que a confrontação entre dois grupos nacionais tem às vezes por efeito reforçar os estereótipos recíprocos. Para eliminar os obstáculos que entravam a compreensão mútua, eles insistem na necessidade de reconhecer que as representações estereotipadas do Outro atravessam inevitavelmente a vivência do encontro. A expressão das categorizações diferenciais para os jovens franceses e alemães não deve ser censurada, mas, ao contrário, facilitada. Os participantes poderão, em seguida, ser levados a tomar consciência dos mecanismos em jogo: eles refletirão sobre as "condições sócio-históricas de surgimento" dos estereótipos e decifrarão "sua função na dinâmica das relações entre nações" (1989, p. 309). Esse procedimento resta, todavia, insuficiente, sob o ponto de vista dos especialistas: há que se propor também aos participantes "um quadro de ação comum e de cooperação, baseado em motivações profundas (profissionais, culturais e existenciais etc.)" (1989, p. 209).

AS FUNÇÕES CONSTRUTIVAS DO ESTEREÓTIPO: A IDENTIDADE SOCIAL, A COGNIÇÃO

A multiplicidade das abordagens enumeradas não deve ocultar seu denominador comum: uma concepção do estereótipo como fator de tensão e de dissenso nas relações intercomunitárias e interpessoais. São os efeitos maléficos do estereótipo que são denunciados. No entanto, seria equivocado considerar somente o lado negativo do estereótipo. Há várias décadas, diversos posicionamentos críticos visam relativizar as censuras que lhe são tradicionalmente direcionadas (ver capítulo "História das noções"). Mais ainda, os psicólogos sociais terminam por reconhecer o caráter inevitável, e inclusive indispensável, do estereótipo. Fonte de erros e preconceitos, ele também aparece como um fator de coesão social, um elemento construtivo na relação do ser humano consigo mesmo e com o Outro. A partir dessa ótica, os autores de *Stéréotypes et cognition sociale* chegam a afirmar que os "estereótipos são o resultado de um processo que visa a regular as interações sociais com a maior eficácia possível" (Leyens, Yzerbyt e Schadron, 1996, p. 23).

A identidade social

Em que aspectos o estereótipo cumpre funções importantes na vida social? Há muito tempo se admite que as representações coletivas cristalizadas cumprem um papel fundamental na coesão do grupo e na consolidação de sua unidade. O *Dictionnaire encyclopédique de psychologie*, de Sillamy (1980), resume essas funções dizendo que consistem em "manifestar a solidariedade do grupo, dar-lhe maior coesão e protegê-lo contra toda ameaça de mudança". Basta pensar nas comunidades minoritárias que defendem sua identidade contra toda ameaça de assimilação e, portanto, de desaparecimento, mediante a reafirmação de seus estereótipos de origem.

A adesão a uma opinião estabelecida, uma imagem compartilhada, permite, ademais, ao indivíduo proclamar indiretamente sua adesão ao grupo do qual deseja fazer parte. De certa forma, ela expressa simbolicamente a sua identificação com uma coletividade, assumindo seus modelos estereotipados. Ao fazê-lo, substitui, no exercício de seu próprio juízo, as maneiras de ver do grupo no qual é importante para o indivíduo integrar-se. E ele reivindica implicitamente como contrapartida o reconhecimento de seu pertencimento. É nesse sentido que o estereótipo favorece a integração social do indivíduo. Ao mesmo tempo, garante a coesão do grupo, cujos membros aderem majoritariamente aos estereótipos dominantes. O estereótipo não se contenta em marcar um pertencimento, ele o autoriza e o garante (Fishman, 1956, p. 40).

Se acrescentarmos que esse pertencimento é também, aos olhos do indivíduo, o que lhe permite situar-se e definir-se, compreenderemos que o estereótipo intervém necessariamente na construção da **identidade social**. Para a psicologia social, a identidade de um indivíduo se define não só em termos de personalidade singular, mas também em termos de pertencimento de grupo. Se a identidade pessoal é um "processo psicológico de representação de si que se traduz no sentimento de existir em uma continuidade como ser singular e ser reconhecido como tal por outro", a identidade social é um "processo psicossocial de construção e de representação de si, resultante das interações e das cognições dos indivíduos relativas ao seu pertencimento social" (Fisher, 1996, p. 202). Cada um de nós possui tantas identidades sociais quanto pertencimentos: podemos fazer parte simultaneamente de uma classe social, de um grupo socioprofissional, de uma etnia majoritária ou minoritária, de uma nação e, claro, de um sexo. A imagem coletiva que circula dessas diversas categorias é determinante na constituição da identidade e nos comportamentos e interações que se relacionam a ela.

Para além da psicologia social, a análise da função identitária do estereótipo encontra hoje um terreno particularmente fecundo na **psicologia cultural** ou, mais precisamente, intercultural. De fato, a questão do estereótipo não pode deixar de surgir na análise das situações de contato, como, por exemplo, a aculturação dos imigrantes do terceiro mundo em uma sociedade ocidental. O imigrante de primeira geração sofre não só o desafio da dissonância entre suas representações coletivas e aquelas do país que o recebe, mas também a desvalorização de seu sistema e, através desta, de sua própria pessoa. Deve, além disso, comparar-se às "imagens que [a sociedade que o recebe] projeta sobre ele a partir da representação coletiva estereotipada que foi construída sobre o seu grupo" (Camilleri e Vinsonneau, 1996, p. 50). Assim, a imagem que os árabes compartilham da família ou da mulher estão desalinhadas em relação àquelas que sustentam a sociedade francesa contemporânea. Os estereótipos que cimentam a visão de mundo de sua cultura de origem são desconsiderados e desconsideram os que continuam a sustentá-los. O encontro de culturas diferentes requer da parte do imigrante uma reorganização, muitas vezes difícil, de seus sistemas de estereótipos. São as diversas modalidades dessa organização que dão conta da integração ou da assimilação dos imigrantes de primeira geração, como também dos de segunda geração na França.

Em outra perspectiva, a psicologia social mostra como o estereótipo sustenta mais que uma identidade social: ele reforça a autoestima, definida como a avaliação que o sujeito efetua de sua própria pessoa. De fato, o estereótipo aparece antes de tudo como um instrumento de categorização que permite distinguir comodamente um "nós" de um "eles". Nesse processo, o grupo adquire uma fisionomia específica que o diferencia dos demais. Essa uniformidade se obtém enfatizando, e mesmo exagerando, as semelhanças entre membros do mesmo grupo. As variantes individuais são minimizadas em um processo que vai até a recusa ou a incapacidade de percebê-las. Isso significa que a percepção de si e do Outro leva a resultados errôneos porque se baseia em um processo de categorização pouco confiável?

Para os representantes da "teoria da identidade social", introduzida por Henri Tajfel em 1969, as representações estereotipadas são funcionais ainda que sejam deformadas. Aparentemente, se tendemos a acentuar as similitudes entre membros de um mesmo grupo, o *endogrupo* (em inglês *ingroup*), é normalmente para nos valorizarmos em detrimento de outros, do *exogrupo* (em inglês *outgroup*). Projetar uma imagem unificada permite confrontá-los para avaliá-los melhor; comparação esta que, à luz das experiências de campo realizadas, parece ser sempre vantajosa para o grupo ao qual pertence o avaliador. Segundo a teoria da identidade social, esse favoritismo permite ao sujeito acrescentar o sentimento que ele tem de seu próprio valor. O prestígio vinculado à imagem do grupo em relação ao qual se define repercute necessariamente na ideia que ele faz de si mesmo. Instrumentada deste modo, a categorização pode ter efeitos benéficos sobre a autoestima: a avaliação do sujeito por si mesmo é mediada pelo prestígio que adquire, a seus olhos, o grupo de que faz parte.

Observemos que, segundo Tajfel, o simples sentimento de pertencimento a um grupo é suficiente para suscitar imagens desfavoráveis de outro grupo. Não são necessárias, como pretendiam os teóricos do conflito social, as divergências de interesses e a competição. As experiências que criaram todas as peças dos grupos e pertencimentos imaginários parecem confirmar esse ponto de vista. Na medida em que o indivíduo adere a uma categoria, tende a avaliar mais favoravelmente todos aqueles que pertencem a seu grupo.

Essas considerações sobre a função do estereótipo na constituição da identidade foram retomadas pela **etnopsicologia**, ou psicologia dos grupos que apresentam uma homogeneidade linguística, cultural e histórica (que não necessariamente coincide com o conceito de nação). Nesse domínio, encontramos numerosos estudos particulares, assim como considerações de tipo geral, na revista *Etnopsychologie*, que é a continuação da *Revue de psychologie des peuples*. Uma das áreas desta disciplina é a **imagologia**, ou análise do "conteúdo das representações que um povo faz de um outro (heteroimagens) e de si mesmo (autoimagens)" (Ladmiral e Lipiansky, 1989, p. 288). Junto à corrente que destaca, mediante entrevistas e testes, a imagem estereotipada que os povos fazem de si mesmos e dos outros, encontramos estudos sobre a dinâmica através da qual se elabora uma identidade em confrontação com outras identidades. Esses trabalhos buscam sobretudo, mais do que uma "justaposição de representações independentes", a lógica de um sistema de imagens "que relacionam estreitamente as auto e as heterorrepresentações" (Ladmiral e Lipiansky, 1989, p. 221). Assim, a comunicação intercultural de Ladmiral e Lipiansky se fundamenta em um estudo do imaginário franco-alemão, no qual se pode observar, com todas suas ambivalências e sua complexidade, um verdadeiro jogo de espelhos (sobre a imagologia nos estudos literários, ver capítulo "Clichês, estereótipos e literatura").

Além de todas essas análises, pode-se proveitosamente estender a análise do estereótipo à sua relação constitutiva com a identidade, ao jogo especular que compreende toda interação social. Isso se realiza necessariamente sob o signo da imagem que os participantes têm previamente uns dos outros; ela põe em jogo a imagem de si que os participantes tentam construir para efetivar essa interação. Segundo o sociólogo Erving Goffman, todo encontro de um médico com seu paciente, de um vendedor com seu cliente, de um pretendente com sua amada implica uma apresentação de si submetida a uma regulação social. O sociólogo desenvolve toda uma dramaturgia na qual a impressão que se deve produzir para realizar uma atividade social dada requer que se ponha em cena de certos papéis rotineiros (*parts*) ou "modelos de ação preestabelecidos que se desenvolvem durante uma representação e que podem ser apresentados ou utilizados em outras ocasiões" (1973, p. 23). O papel do estereótipo na apresentação de si que está no cerne das interações sociais é posto em evidência no estudo de Ruth Amossy sobre *La Présentation de soi: Ethos et identité verbale* (2010).

Estereotipagem e cognição

As representações coletivas cristalizadas desempenham um papel decisivo na elaboração da identidade social e das encenações que modelam toda interação e, além disso, cumprem funções importantes na *cognição social*. Foi no final da década de 1970 que os estudos cognitivos entraram massivamente na psicologia social, no seio da qual ocupam hoje um lugar preponderante. Eles se ocupam principalmente do tratamento da informação social, ou seja, a seleção, a codificação e a memorização das informações relativas a uma pessoa ou a um grupo. Em vez de considerar os estereótipos como generalizações abusivas moralmente condenáveis, os estudos cognitivos veem o uso de estereótipos como um procedimento "normal". Propõem-se a explorar o papel dos estereótipos no processo cognitivo ordinário, em particular a aquisição, a elaboração e o armazenamento de informações. Qual é o impacto dos esquemas coletivos preexistentes na maneira como cada um de nós percebe uma outra pessoa, representa para si ou lembra dela? Em que medida os dados que não encaixam, ou as informações inconsistentes são levados em conta e integrados? Esse tipo de questão, como se vê, diz respeito a operações mentais próprias de todo indivíduo que vive em sociedade, e não a uma atitude errônea ou mesmo atípica.

Já nos anos 1950, Solomon Asch se pronunciava contra a tendência de ver no estereótipo somente o rastro de um pensamento popular deficiente. O autor atribuía ao estereótipo uma função importante na **formação das impressões** relativas às pessoas e aos grupos, ou seja, no processo de organização de diversos traços particulares que são organizados em um conjunto coerente. Nesse quadro, o estereótipo é percebido como uma conceptualização produtiva pela simplificação que lhe é própria. "As impressões simplificadas – afirma o autor – são um primeiro passo em direção à compreensão do ambiente e ao estabelecimento de uma visão clara e significativa" (Asch, 1952, p. 235). Elas permitem de fato ordenar a confusão que provocaria a apreensão simultânea de detalhes muito numerosos; quando as condições permitem, as primeiras impressões podem ser corrigidas e articuladas à luz de novas experiências. Segundo Asch, o processo da formação das impressões não pode ser estudado sem ter em conta o procedimento de esquematização e de categorização que autoriza a estereotipagem.

Esses trabalhos deram lugar a uma grande controvérsia acerca do impacto dos esquemas estereotipados sobre a percepção do Outro. O processo cognitivo parte de estruturas mais ou menos abstratas que determinam a relação com os dados, como propõe Asch? Ou segue um caminho que parte da informação coletada diretamente, em vez de uma imagem prévia armazenada na memória, como entendem outros especialistas? Essa discussão, que contrapõe duas escolas, parece superada aos olhos dos investigadores contemporâneos. Segundo eles, não se trata de estabelecer prioridades, mas de compreender quando, como e em qual medida são as teorias (os esquemas estereotipados) e os dados brutos que obtêm a preeminência (Leyens, 1996). Parece também que fatores motivacionais intervêm no peso dado aos estereótipos no processamento da informação. De acordo com o contexto, contenta-se ou em recorrer superficialmente a um modelo preestabelecido que conduza a uma impressão global simples, ou prestar-se-á maior atenção aos dados, às vezes heterogêneos ou inconsistentes.

Ademais, diversas experiências têm demonstrado que, frente a uma pessoa ou a um grupo, os traços que confirmam um saber já adquirido são guardados de maneira mais massiva que os outros. Quando temos em mente uma imagem preestabelecida que suscita uma certa expectativa, tendemos a selecionar informações novas que vêm a confirmar essa expectativa. Elas são melhor percebidas e memorizadas, na medida em que se assimilam com mais facilidade às concepções estereotipadas preexistentes. O que ocorre, então, com as informações chamadas inconsistentes, ou seja, que são contraditórias ou que não correspondem a um esquema coletivo registrado na memória?

Há numerosos estudos no campo de cognição social que se ocupam das diversas modalidades de tratamento e memorização de informações inconsistentes, assim como das condições que influenciam na consideração de dados inconsistentes (como a quantidade de objetivos que o sujeito persegue, o tempo de que dispõe etc.).

A proliferação atual de estudos cognitivos não permite expor todos estes questionamentos, nem apresentar os progressos que se efetuam no seio de teorias distintas, senão divergentes. Vamos nos contentar com uma aproximação geral. A questão do tratamento da informação não deixou de levar alguns investigadores a enfatizar os erros de percepção e de memorização que suscitam o recurso aos estereótipos. Essa falta de adequação se atribui aos limites impostos às capacidades humanas; em razão de suas limitações naturais, o uso de estereótipos resulta inevitável. Então, o estereótipo corre o risco – ainda que não seja objeto de condenação moral – de ser novamente colocado sob uma visão pejorativa. É contra essa tendência que se manifestam Leyens, Yzerbit e Schadron em seu *Stéréotypes et cognition sociale*. O processo de categorização e de esquematização, que não exclui em absoluto a faculdade de individualizar, é indispensável para a cognição. A partir desta ótica, podemos distinguir o estereótipo como produto da **estereotipagem** (também chamada de "estereotipização"), entendida como processo:

> Insistimos na distinção entre os estereótipos – o conteúdo social – e a estereotipização – processo individual que tem lugar no contexto social e que é moldado por este. Podemos prescindir de alguns conteúdos específicos, mas não do processo. (Leyens, 1996, p. 12)

> O processo de estereotipização é, por definição, uma generalização e pode ser tanto útil como nocivo em função das condições de seu emprego. (Leyens, 1996, p. 30)

Também Operario e Fiske (2004, p. 121) preconizam uma distinção a ser feita entre os estereótipos como uma constelação de crenças relativas a membros de grupos sociais e a estereotipagem como uma forma de pensar sobre esses grupos e processos inerentes ao sistema cognitivo. É um verdadeiro descentramento do objeto de investigação que essa distinção propõe, que, para além dos estudos cognitivos, pode revelar-se fecunda para qualquer reflexão sobre o estereótipo.

ESTEREÓTIPO E REPRESENTAÇÃO SOCIAL

Um deslocamento de outra natureza aparece na psicologia social inspirada em Serge Moscovici, que trabalha mais com a noção de **representação social** do que sobre a de estereótipo. Como o estereótipo, a representação social vincula a visão de um objeto dado com o pertencimento sociocultural do sujeito. Como o estereótipo, a representação social reflete um "saber do senso comum" entendido como conhecimento "espontâneo", "ingênuo" ou como pensamento natural por oposição ao pensamento científico. Esse conhecimento, proveniente de saberes herdados da tradição, da educação e da comunicação social (Jodelet *apud* Moscovici, 1988, p. 360), modela não só o conhecimento que o indivíduo tem do mundo, mas também as interações sociais. Nessa perspectiva, a representação social pode ser definida como "uma forma de conhecimento, socialmente elaborada e compartilhada, que tem uma visada prática e que colabora para a construção de uma realidade comum de um conjunto social" (Jodelet, 1989, p. 36). Essa noção, relativamente imprecisa, originou abundantes trabalhos e numerosas discussões na escola francesa constituída em torno de Moscovici.

Em que se diferencia, então, a representação social do estereótipo? Tratando das representações sociais, Jean Maisonneuve assinala sintomaticamente: "Encontramos aqui novamente o que dizíamos anteriormente acerca dos estereótipos". No entanto, não deixa de estabelecer uma distinção: enquanto a representação social designa um "universo de opiniões", o estereótipo, segundo ele, é apenas a cristalização de um elemento e serve só de indicador (1989, p. 146). Por outro lado, Maisonneuve não se contenta em fazer do estereótipo um índice, uma marca pontual da representação social. O autor o desvaloriza em uma comparação que o coloca claramente em desvantagem:

> O próprio da estereotipia é ser grosseira, brutal, rígida, e basear-se em uma espécie de essencialismo simplista em que a generalização abarca ao mesmo tempo: a *extensão* – atribuição dos mesmos traços a todos os seres ou objetos designáveis por uma mesma palavra [...] – e a *compreensão* – pela simplificação extrema dos traços expressáveis pelas palavras. (1989, p. 141)

Em síntese, há aqui uma tendência que remete o estereótipo à sua visão pejorativa inicial. Os aspectos construtivos do esquema coletivo na cognição, na interação e na comunicação são mais facilmente negados quando são movidos para a noção de representação social. A corrente inspirada em Moscovici realizou numerosos estudos de representações sociais particulares (da psicanálise, da mulher, da loucura, da cidade etc.), reelaborando e afinando incessantemente a noção de representação social em sua relação com o sentido comum, as atitudes e a cognição. Centrados na dinâmica complexa da representação social, esses trabalhos recorrem minimamente às teorias do estereótipo, sob a égide da qual questões paralelas são, no entanto, frequentemente evocadas em numerosas obras da psicologia social anglo-saxônica. Os estudos contemporâneos sobre o estereótipo e a representação social se entrecruzam frequentemente. Em uma perspectiva que interessa ao imaginário social, à lógica das representações coletivas através das quais um grupo percebe e interpreta o mundo, a expressão "representação social" apresenta, sem dúvidas, em relação ao termo "estereótipo", a vantagem de não ser carregada de conotações negativas.

As investigações das ciências sociais, realizadas principalmente mediante métodos empíricos ou experimentais, situam o estereótipo na encruzilhada de vários questionamentos. Em sua vertente negativa, o vinculam à questão do preconceito e das tensões entre grupos sociais. Em sua vertente positiva, o colocam no centro da reflexão sobre a identidade social. Tomada em seu dinamismo, a estereotipia permite explorar a cognição social. As análises do estereótipo relativas à imagem de si e do outro, ao preconceito, à interação social, ao processo cognitivo da estereotipagem, podem ser encontradas em outros campos, como a sociocrítica, as teorias da leitura, a análise do discurso político ou do discurso da imprensa. Elas se distinguem globalmente das abordagens da psicologia social por seu caráter não empírico e por seu enfoque discursivo: trabalham principalmente com *corpus* escritos. A imagem coletiva cristalizada pode ser capturada não a partir de questionários ou de experiências orientadas, mas a partir de fontes textuais. Ela aparece em sua bivalência constitutiva tanto como esquema redutor em que se coloca o empenho de denunciar, mas também como elemento positivo, cujas funções construtivas e produtivas se pode analisar. Veremos isso nas diferentes áreas de estudos literários (capítulo "Clichês, estereótipos e literatura"), assim como na análise do discurso (capítulo "Linguística, retórica e análise do discurso").

CLICHÊS, ESTEREÓTIPOS E LITERATURA

Se as ciências sociais trabalham principalmente com os estereótipos, os estudos literários, por outro lado, dão um lugar de destaque à noção de clichê. Objeto de estudo da estilística, em seguida da poética, o clichê é considerado em seus efeitos estéticos (avaliado, primeiramente, como marca de mau estilo), depois em suas funções e papel na produção do texto. Para além das fórmulas linguageiras cristalizadas, a crítica do século XX se interessou também pelas representações sociais trabalhadas na ficção. Dos escritos de Barthes à sociocrítica e à imagética, são analisadas a expressão *doxa* e as ideias preconcebidas, além da exploração dos estereótipos culturais e étnicos no texto literário. Por fim, em uma terceira perspectiva, o clichê e o estereótipo se tornam objeto de reflexão das teorias da leitura e da recepção, as quais abarcam também a didática da literatura.

OS ESTUDOS DO CLICHÊ: DA ESTILÍSTICA À POÉTICA
Estilística do clichê

De início normativa, a estilística nasce no final do século XIX, a partir das ruínas da retórica. *L'Art d'écrire: enseigné en vingt leçons* (1899), de Antoine Albalat, constitui um bom exemplo. Como reação ao ensino da retórica, desvalorizada e eliminada dos programas de ensino depois de 1880, Albalat define três critérios de avaliação do estilo: a originalidade, a concisão e a harmonia. E é em nome da originalidade, como Remy de Gourmont, que ele rejeita os clichês.

> Há um estilo pronto, um estilo banal, que todo mundo usa, um estilo *clichê* cujas expressões neutras e gastas servem a todos [...]. É com esse estilo que não se deve escrever [...].
> Não se deve nunca, na medida do possível, escrever com expressões prontas. A marca do verdadeiro escritor é a palavra própria e a criação da expressão.
> A marca do clichê, da expressão pronta, não é o fato de ser simples, ordinária, já utilizada, *mas o fato de que se pode substituí-la por outra mais simples.* (Albalat, 1899, p. 61 e 65)

Albalat atribui os clichês ao "estilo *omnibus*" de certos romances. As expressões visadas compreendem essencialmente epítetos clichês tomados do romance sentimental (*lágrimas amargas, um horror inenarrável, uma doce ilusão*), ou perífrases e locuções verbais que o estilista corrige sem hesitação: em lugar de *desfazer-se em lágrimas*, usar *chorar*, em lugar de *adquirir o hábito*, usar *acostumar-se*, em lugar de *exercer a violência*, usar *agredir* etc.

O ponto de vista de Albalat é didático e normativo: para que se aprenda a escrever bem, os clichês devem ser evitados. Albalat é também autor da obra *La formation du style par l'assimilation des auteurs* (1901) e de *Le Travail du style enseigné par les corrections manuscrites des grandes écrivains* (1903). Como faz notar ironicamente Jean Paulhan, "Albalat supõe que a paciência e a observação dos grandes escritores podem tornar um mau escritor um pouco menos mau." (Paulhan, 1967, p. 28).

Alguns anos mais tarde, o *Traité de stylistique française*, de Charles Bally (1909), propõe para os clichês um enfoque pejorativo, porém mais sutil e relativista. Ele sugere que podem existir muitos modos de recepção do clichê:

> Os clichês perdem todo o seu sabor de tanto serem repetidos, mas eles podem, em certos casos, passar por criações originais. Para aqueles que os empregam de boa-fé, eles denotam uma semicultura; quando nos damos conta do seu verdadeiro caráter, somente os usamos de modo jocoso. (Bally, 1951, p. 85)

A origem dos clichês, para Bally, são as "expressões literárias que estiveram em voga e que logo passaram ao domínio comum": perífrases da poesia clássica (*o astro-rei*), frases de autor ou de origem anônima, clichês de orador (*os imortais princípios de 89*) e o estilo dos jornais. Bally cita Flaubert, para o uso parodístico dos clichês no cenário dos Comícios, em *Madame Bovary*, e as obras de Georges Ohnet e de Octave Feuillet, para os clichês de expressão. O início da obra *La Grande Marniére*, de G. Ohnet (1885), é precisamente o modelo de estilo que reescreve Joseph Grand, sem o saber, em *La Peste (A peste)* (1947), de Camus. O funcionário da prefeitura, que refaz todas as noites a primeira frase de seu manuscrito, reencontra os clichês de G. Ohnet, que ele condensa e transpõe em uma descrição idealizada:

> Em uma bela manhã de maio, uma esbelta amazona, montada em um garboso cavalo alazão, galopava, percorria, em meio às flores, os caminhos do bosque [...]. O romance de G. Ohnet começava assim "[...] em uma bela manhã de verão, uma amazona montada em um cavalo bastante medíocre, avançava a passo, com as rédeas soltas, distraída; respirando o ar morno, perfumado pelos trevos em flor.[...] Elegante e esbelta [...]".

O *Précis de stylistique française*, de Jules Marouzeau, publicado pela primeira vez em 1941 e reeditado várias vezes, compartilha da mesma tradição pejorativa. Julga o emprego de "fórmulas e clichês" "característico, por um lado, da língua de pessoas simples, que carecem de imaginação" (*morto de sede, um trabalho de cão*), "por outro lado, de escritores apressados, como os publicitários, que não têm tempo de buscar um estilo pessoal, e dos semicultos, dispostos a ostentar fórmulas pseudoeruditas" (*o estopim do crime, os fatores de desmoralização, uma declaração desprovida de banalidade*, mas *marcada pelo bom senso* e *de resto, a impressão da mais perfeita cordialidade*). O autor conclui, entretanto, que "nenhum de nós escapa à tirania de certas maneiras de falar" (Marouzeau, 1969, p. 145).

Foi a Jean Paulhan que coube se opor à atitude terrorista face ao clichê no seu célebre panfleto *Les Fleurs de Tarbes ou la Terreur dans les Lettres* (1941). Ele critica as análises de Gourmont e de Albalat e reabilita certo uso da retórica e do lugar-comum.

La Terreur dans les Lettres se caracteriza, segundo o próprio autor, por um medo do poder das palavras, à hipertrofia da linguagem em relação ao pensamento. Essa observação "resulta duplamente falsa por duas razões que se contrapõem: o clichê ou é reinventado – e daí se conclui que o autor se atém mais a sua verdade do que a suas palavras – ou ele simplesmente se repete, torna-se habitual – e este hábito faz com que as palavras passem despercebidas" (Paulhan, 1967, p. 55). Paulhan dá o exemplo das cartas de amor: "infinitamente ricas e de um sentido excepcional para quem as escreve ou as recebe, mas enigmáticas para um estranho, pelo excesso de banalidade e (até mesmo) de verbalismo" (Paulhan, 1967, p. 55). O autor mostra, também, em alguns apólogos prazerosos, que o clichê não está de um lado e a palavra original do outro. *Incident du langage dans la famille Langelon* conta a história da prima Henriette que havia trazido consigo, de sua temporada no Canadá, formas de falar julgadas ridículas:

> Quando ela voltou, descobriu-se que ela falava por provérbios e tinha a mania, em tom desagradável, de dizer a respeito de tudo: "Para um bom entendedor, meia palavra basta" ou "Quem não tem cão...". O tempo passou e, anos mais tarde, aconteceu algo curioso.
> É que os amigos e vizinhos dos Langelon perceberam, para a sua surpresa, que os Langelon – que sempre haviam debochado das frases banais – começaram a falar por provérbios, dizendo a todo instante "Como Henriette..." ou "Quem não tem cão...". Os sensatos lembraram que Henry Monnier havia se tornado uma espécie de Joseph Prudhomme, Alfred Jarry, um Père Ubu. Os imprudentes fizeram um novo provérbio que começava por: "Como um Langelon...". É provável que eles também, por sua vez, tenham sido cativados. E, caso se pense um pouco, a desventura dos Langelon era inevitável. (Paulhan, 1996, p. 187)

No entanto, tivemos que esperar a era estruturalista e o desenvolvimento da linguística nos anos 1960 para que predominasse na estilística um ponto de vista normativo sobre o clichê. Michael Riffaterre é o primeiro a se interessar pelo clichê como objeto de estudo, independentemente dos juízos de valor. Bem ao contrário, são os juízos de valor e as reações do leitor que ele privilegia como sintomas de um efeito estético: "Considera-se como clichê um grupo de palavras que suscitam juízos como: *déjà vu, banal, batido,* de *falsa elegância, desgastado, fossilizado* etc." (Riffaterre 1970, p. 162). Trata-se de estudar o efeito do clichê, que pode ser "batido, mas não ineficaz. Não devemos confundir banalidade e uso" (Riffaterre 1970, p. 163). É substituir a avaliação por um critério funcional, sem sair do campo da estética literária. O clichê é assim diferenciado do estereótipo:

> É muito importante destacar que a estereotipia por si só não constitui o clichê: é necessário ainda que a sequência verbal fixada pelo uso apresente um traço de estilo, que se trate de uma metáfora como *formigueiro humano*, de uma antítese como *assassinato jurídico*, de uma hipérbole, como *rios de lágrimas* etc. (Riffaterre, 1970, p. 163)

O estereótipo também está vinculado ao sistema do texto em que está inserido. A expressão "uma voz estrondosa" se analisa na diversidade de seus efeitos semânticos, conforme qualifica a fala de Marius em *Les Misérables* (*Os miseráveis*), a ordem de Samuel Cramer em *La Fanfarlo* (*A Fanfarlo*), de Baudelaire, ou a voz do Dr. Cottard, em Proust.

Riffaterre distingue dois usos principais do clichê. Ele pode ser um elemento constitutivo da escrita do autor. Torna-se assim uma marca de gênero e, muitas vezes, uma marca de literariedade com relação à língua corrente. Assim, no romance surrealista de Gracq, *Au château d'Argol*, os clichês românticos criam um cenário de ópera, preparando uma atmosfera favorável à leitura simbólica da narrativa. O clichê pode também exercer uma função mimética dos estilos e dos idioletos. "Representado" pelo escritor, ele é colocado a distância por diferentes marcas: por balizas tipográficas, como o itálico ou as aspas, que cumprem o papel de "marcas de ironia", ou por um comentário, como o do narrador de *À la Recherche du temps perdu* (*Em busca do tempo perdido*), sobre a conversa do duque de Guermantes: "o duque, falando pequeno burguês, nos diz (como as pessoas de sua casta mental e não da casta de origem)" (Riffaterre, 1979, p. 177). O clichê também pode ser assinalado pelo contexto (palavras ou pensamentos reportados em discurso direto ou em indireto livre, efeitos de repetição ou de acúmulo). Chega-se ao uso parodístico ou satírico do clichê.

O artigo de Riffaterre inaugura nos estudos estilísticos uma abordagem não normativa do clichê. O clichê é percebido em termos de efeitos literários: ele interessa justamente por seu desgaste e por suas diferentes funções no texto literário. Essa perspectiva foi trabalhada na tese de Anne-Marie Perrin-Naffakh (*Le Cliché de style en fraçais moderne*, 1985), em que a autora analisa as reações do clichê e das figuras de estilo, assim como os papéis do clichê na literatura (do ornamental à renovação, do pastiche à paródia).

Poética do clichê

Na obra *Les Discours du cliché* (1982), Ruth Amossy e Elisheva Rosen desenvolveram o estudo das funções do clichê nos diversos tipos de atualizações literárias. O interesse do trabalho reside em relacionar a análise dos clichês a uma problemática dos discursos (mais do que à de gêneros literários), em que se atravessam critérios formais, enunciativos ou pragmáticos e históricos: a prosa romântica, o clichê e o lirismo romântico (Musset, Chateaubriand e Haubert), o clichê e a verossimilhança na representação "realista" em Balzac e Flaubert, o clichê e a argumentação no romance de tese (*L'Enfance d'un chef* (*A infância de um chefe*), de Sartre) e no texto argumentativo (*La Chute* (*A queda*), de Camus) e, por fim, a prática lúdica do clichê. O livro coloca o problema da renovação do clichê e de sua relação com os jogos de palavras, especialmente com o chiste freudiano. A atualização do sentido literal dos clichês engendra uma comicidade que se baseia no duplo sentido, como no comentário de Heine, citado por Freud: "O autor teria sido menos mordaz se tivesse algo para mastigar".[4] Os títulos surrealistas que são tratados em *Les Discours du cliché* ("Luz da terra", de Breton, ou "*Les sans cou*", de Desnos) são outros exemplos da utilização lúdica dos clichês. Alguns poemas são até inteiramente construídos por uma remotivação, ou são uma desconstrução de fórmulas de estilo cristalizadas, como "Cortège" ou "La Batteuse", de Prévert (*Paroles*, 1949):

> Beliscaram as jovens
> As levaram à trincheira
> Deitaram no pó
> Vagaram pelo campo*

A renovação do clichê oferece todo tipo de variações: paródia em Lautréamont,[5] metáforas *filées*** na poesia surrealista (Riffaterre, 1979), reutilização de clichês no romance de Gracq.[6] Tudo isso tem dado lugar a numerosos trabalhos sobre diversos autores.

Outra vertente é a constituída pelos trabalhos de Riffaterre. O estudo estilístico de 1970 já se abria para uma leitura poética do clichê, centrada na dimensão da intertextualidade e nos processos de engendramento do texto literário. Os estudos de Riffaterre evoluíram para uma semiótica do texto, que substitui a questão do efeito estilístico pela questão mais geral da produção do sentido. O clichê intervém como um dos modelos de engendramento do texto literário, ao abrigo de todo recurso a referentes exteriores. No poema de Baudelaire, "Reversibilidade", a expressão "lágrimas de fel" é assim explicada pela referência aos clichês:

---

*   Original em francês: "Ils ont pincé les filles/ Ils les ont culbutées dans le fosse/ Ils ont mordu la poussière/ Ils ont battu la campagne".
** N.T.: A metáfora *filée* opera um jogo de imagens e comparações que permanecem em um mesmo campo lexical ou em um mesmo contexto. Exemplo: Estamos todos no mesmo barco, enfrentando as mesmas intempéries e o percurso até o porto seguro depende dos ventos e de nossa navegação.

> *Lágrimas* é uma imagem de amargura, dentro de um sistema descritivo de sofrimento, que compreende o clichê *lágrimas amargas*. O mesmo vale para *fel*, que tem como testemunha o clichê *copo de fel*, o qual é aparentado de *borra amarga*. Não sobra, assim, nada dos referentes: trata-se, aqui, de dois significantes estereotipados, de dois sinônimos muito adequados para *amargura*. (Riffaterre, 1979, p. 20)

O clichê, por outro lado, está integrado a estruturas mais amplas, em sistemas de lugares-comuns, e a estereótipos, que contribuem para a produção do texto poético. Ele serve de modelo de engendramento da frase literária, por imitação ou por subversão (Riffaterre, 1976, p. 46-60). O clichê se encontra também associado a redes que formam o "sistema descritivo" de uma palavra. Riffaterre dá como exemplo a palavra "rei", no terceiro "Spleen" das *Fleurs du Mal* (*Flores do Mal*): "tomada pejorativamente, a palavra 'rei' está no centro de um sistema cujos satélites são palavras, como "cortesão" ou "bobo da corte", estereótipos da solidão, do tédio e da impotência do rei todo-poderoso" (Riffaterre, 1979, p. 41). Numa oposição a uma leitura puramente denotativa, os clichês garantem, assim, a coesão de um texto poético por referência a modelos de derivação (hipogramas). Para Riffaterre, é a superposição de um "hipograma familiar: a imagem estereotipada da flor à beira do abismo" (ou à beira do precipício) que justifica "a colocação *flor-abismo*" em exemplos de poesia e de prosa dos séculos XIX e XX tão diferentes das que aparecem em Hugo ("esta *flor* dos campos, em meio aos paralelepípedos, me abriu um *abismo* de ilusão"), Balzac ("– Eis o sobrenatural, disse o ancião, vendo a *flor* abrir em pleno inverno. – Um *abismo!*, gritou Wilfrid, embriagado pelo perfume") ou Tardieu ("então, oh, *flores*, à sua própria volta o *abismo* se aconchega"). Todos esses textos têm um ponto em comum: tendem a neutralizar a oposição clichê da flor e do abismo, tornando os dois termos equivalentes no "código de estupefação admirativa" (Hugo e Balzac) ou na relação de proximidade (Tardieu). A modificação da norma cria uma agramaticalidade, que faz perceber o efeito literário e a metáfora (Riffaterre, 1983, p. 58-60). Sob esse ponto de vista, o clichê é um elemento da poética intertextual do texto literário.

O clichê com frequência se associa aos lugares-comuns, no sentido específico de termos já bastante batidos (ver o capítulo "História das noções"). A poesia tem, assim, tradicionalmente retomado e modulado lugares-comuns, jogando com sua reutilização.[7] Didier Alexandre mostra como esta prática se perpetua na poesia francesa posterior a 1830, em um período em que o recurso ao lugar-comum se torna paradoxal, diante dos manifestos teóricos que reivindicavam a novidade.[8] O autor analisa o exemplo do cisne e dos clichês que o acompanham: (o pescoço do cisne, o canto do cisne, a brancura do cisne) em Hugo, Baudelaire, Banville, Mallarmé e Apollinaire, mostrando que esse lugar-comum, especificado em cada texto poético, aparece como uma marca de poeticidade e de intertextualidade.

Uma outra etapa teórica é marcada pelo estudo de Laurent Jenny (1972) sobre os clichês em *Impressions d'Afrique* (*Impressões de África*), de Raymond Roussel. Privilegiando também a referência intertextual, Jenny estende o clichê às estruturas temáticas e narrativas do texto narrativo. O tema-clichê do "rei negro vestido" é lido como uma "forma temática carregada de usos anteriores", que "remete ao fenômeno cultura, significa-o" (Jenny, 1972, p. 496). A função do clichê em *Impressions d'Afrique* é, então, tripla: intervém na gênese do texto, na motivação da narrativa e na desmitificação de sua retórica.

Em *Problématiques du cliché* (1980), Anne Herschberg Pierrot propõe também uma definição do clichê que possa ser aplicada tanto a unidades de frases como a unidades de texto. "A estrutura lógica do clichê" é assim redefinida como "a integração a um tema de um ou de vários predicado(s) de definição obrigatório(s), assim como a integração de um tema de constantes de predicado" (Herschberg Pierrot, 1980, p. 336). Parece ser também importante relacionar os clichês, como "estruturas significantes cristalizadas", ao processo mesmo de *clichagem* (a tentativa de reproduzir um modelo cristalizado) que governa a dinâmica de um romance como *Bouvard e Pécuchet*, cujos personagens são assombrados pela imitação de modelos prescritos nos livros.

Para além das diferenças, os estudos estilísticos e poéticos têm em comum a visada da literariedade dos textos. O clichê é o que marca a especificidade genérica de uma obra literária e sua relação com outros textos, seja da literatura popular ou de textos mais elaborados, que pressuponham um leitor de primeiro grau ou uma leitura paródística. Mas os clichês marcam também, de maneira muitas vezes inseparável dos recursos formais, a relação do texto com as representações cristalizadas e com o seu alcance sócio-histórico. Essa dimensão do clichê e do estereótipo alcança os textos literários e não literários. O que interessa ao analista não é detectar as fórmulas de estilo cristalizadas e analisar sua função na economia do texto literário, mas ver como essas fórmulas imprimem, por seu automatismo, formas do impensado no discurso, em que servem a uma argumentação ou marcam a relação de um texto com a norma social. Então, já não é somente uma questão de clichês, mas de estereótipos e de ideias preconcebidas.

TEXTO, IMAGINÁRIO, SOCIEDADE

Doxa, estereótipo, ideologema

Os trabalhos de Roland Barthes sobre as mitologias contemporâneas (*Mythologies (Mitologias)*, 1957), suas reflexões sobre os códigos e sobre a *doxa* instauraram um novo quadro de estudo para o estereótipo (Herschberg Pierrot, em Amossy e Sternberg, 2002). Neste nível, o que de fato entra em jogo é o estereótipo, mais do que o clichê em sua dimensão puramente estética. O estereótipo se torna a forma genérica do já dito e, para Barthes, o símbolo da força de afirmação. É o extremo do poder de afirmar, de apresentar uma opinião como verdade que está em questão: "A verdade está na consistência", diz Poe (*Eureka*). Então, o que não suporta consistência se fecha em uma ética da verdade; ele abandona a palavra, a proposição, a ideia, desde que *endossem* e passem ao estado sólido, de *estereótipo* (*stereós* vem do grego, que significa sólido) (Barthes, 1975, p. 63; OC IV, p. 638). O enunciador aparece sempre preso, à sua revelia, pelas coerções do estereótipo e da ideia preconcebida. O estereótipo aparece como a forma emblemática do já dito, uma forma de impensado, inscrito na própria língua:

> [...] os signos dos quais a língua é feita, os signos só existem na medida em que são reconhecidos, ou seja, na medida em que se repetem; o signo é um seguidor, gregário; em cada signo dorme um monstro, um estereótipo: só posso falar, recolhendo o que se *arrasta* na língua. (Barthes, 1978, p. 15)

Como Flaubert, Barthes apresenta a questão da estranha familiaridade do estereótipo, ao qual estamos aprisionados:

> Sed contra
>
> Com muita frequência, ele parte do estereótipo, da opinião banal *que está nele*. E é porque não quer isso (por reflexo estético ou individualista), que busca outra coisa; normalmente, rápido se cansa e se detém na simples opinião contrária, no paradoxo, no que nega mecanicamente o preconceito (por exemplo: "não existe ciência que não seja do particular"). Ele mantém com o estereótipo, em suma, relações de centragem, relações familiares. (Barthes, 1975, p. 164)

Assim concebido, o estereótipo participa da *doxa*: "A *doxa* (palavra para a qual sempre voltamos) é a opinião pública, o espírito da maioria, o consenso do pequeno-burguês, a voz do natural, a violência do preconceito" (Barthes, 1975, p. 51). Desse modo, Barthes coloca no centro da problemática do estereótipo a questão de sua enunciação e de sua reenunciação: este fenômeno atinge tanto o enunciador como o receptor. Não podemos nos desfazer do estereótipo sem apresentar uma nova afirmação, que também corre o risco de cristalizar-se em uma ideia preconcebida, em um movimento infinito:

> Formações reativas: uma *doxa* (uma opinião corrente) é apresentada, insuportável; para livrar-me dela, postulo um paradoxo; a seguir, esse paradoxo engrossa, torna-se ele mesmo uma nova concretude, uma nova *doxa*, e necessito ir mais além, em direção a um novo paradoxo. (Barthes, 1975, p. 75)

A possibilidade de enunciar e de escrever é que está em questão:

> Em 1971, a expressão "ideologia burguesa" foi considerada rançosa e começava a "cansar", como um equipamento velho. Passou-se a dizer (discretamente) "a ideologia chamada burguesa". Não é que se negue nem por um só instante a marca burguesa da ideologia (muito pelo contrário: que outra coisa poderia ser?), mas que é preciso *desnaturalizar* o estereótipo por algum signo [...]. (Barthes, 1975, p. 93)

A lição flaubertiana diz que não se pode contrariar as ideias preconcebidas opondo-se a elas: não se pode escapar das ideias preconcebidas nem do estereótipo. O modelo flaubertiano informa essa reflexão sobre o estereótipo em sua fascinação pela estupidez (a *doxa*, diz Barthes, "é a Medusa: ela petrifica os que olham para ela") e pelas opções de escrita que propõe. Barthes destaca a especificidade enunciativa de *Bouvard e Pécuchet*, a última obra de Flaubert, em que ninguém supera a estupidez:

> O único poder do escritor sobre a vertigem estereotípica (esta vertigem também é a da 'estupidez', da 'vulgaridade'), é entrar nele sem aspas, operando um texto, não uma paródia. É o que fez Flaubert em *Bouvard e Pécuchet*. (Barthes, 1970, p. 105; OCIII, p. 200)

Para além do estereótipo propriamente dito e da sua enunciação, a reflexão de Barthes se abre a uma investigação mais geral das formas de evidência no discurso. Em *Sarrasine*, de Balzac, Barthes identifica as referências aos "códigos culturais" ou "código de saber ou de sabedoria aos quais o texto não cessa de se referir", do qual participa o "código gnômico" (Barthes, 1970, p. 25; OCIII, p. 133). No início da novela: "Eu estava mergulhado em um desses devaneios profundos, que todo mundo já vivenciou, inclusive o homem mais frívolo, no meio de uma festa tumultuada", a expressão cristalizada "festa tumultuada" se vincula assim a um enunciado-núcleo "proferido por uma voz coletiva, anônima, cuja origem é a sabedoria humana", cuja transformação proverbial poderia ser: "Em festas tumultuadas, devaneios profundos". A indicação de que "há uma festa" – que significa, junto com outros indícios, a riqueza da família – é "dada aqui de forma oblíqua".

A leitura de Barthes incita a investigar os modos de apresentação da evidência que contribuem para a reafirmação das ideias preconcebidas. Os estudos literários foram fortemente marcados por essa crítica generalizada da *doxa*, na extensão da crítica flaubertiana às ideias preconcebidas. Mas, na perspectiva da suspeita em relação ao já dito e ao já pensado, as ideias preconcebidas, a *doxa* e o estereótipo mantêm uma ligação, sem uma verdadeira distinção terminológica.

Em *Les idées reçues: sémiologie du steréotype*, Ruth Amossy vê nesta assombração generalizada da *doxa* um signo distintivo de nossa época. Na contracorrente de uma tradição que foi por muito tempo majoritária, a autora insiste não somente na bivalência do estereótipo, mas também nas suas funções construtivas. Para Amossy, o estereótipo deve ser estudado como um fenômeno distinto do clichê ou do lugar-comum. No cruzamento das ciências sociais e dos estudos literários, ele se define como uma representação social, um esquema coletivo cristalizado que corresponde a um modelo cultural datado. Como tal, é constitutivo do texto, que pode trabalhar para desmontá-lo, porém não o ignorar. Por outro lado, se as ciências sociais valorizam a ideia de representação coletiva, a abordagem literária conduz a não descrever o estereótipo unicamente "em termos de ideia e de opinião", como o faz a psicologia social, a partir de questionários. A análise da enunciação literária leva em consideração o jogo com a crença que se estabelece entre o texto e as representações que ele engendra. Finalmente, Amossy mostra que a consciência moderna do estereótipo tem suscitado diversas estratégias de exploração dos esquemas coletivos cristalizados. Elas são analisadas em diversos tipos de textos, como a ficção de terror, as autobiografias de estrelas de Hollywood e os escritos feministas, de Colette a Hélène Cixous.

Pode-se aproximar dessa reflexão a tentativa de Marc Angenot de construir a noção de **ideologema** (em referência aos trabalhos de Bakhtin), com a finalidade de delimitar melhor os componentes da *doxa*. Máxima subjacente ao desenvolvimento argumentativo de um enunciado, o ideologema toma corpo também em fórmulas cristalizadas, próximas do estereótipo: "Não é necessariamente uma locução única, mas sim um complexo de variações fraseológicas, uma pequena nebulosa de sintagmas mais ou menos intercambiáveis" (Angenot, 1989, p. 894). O campo de estudo, então, não contempla somente o texto literário, mas o discurso social, que recebe uma extensão muito ampla:

> Tudo o que se diz e se escreve em estado de sociedade, tudo o que se publica, tudo o que se fala publicamente ou o que se representa nas mídias eletrônicas. Tudo aquilo que se narra e argumenta, se concordarmos que narrar e argumentar são os dois grandes modos de uso do discurso. (Angenot, 1989, p. 13)

Percebemos que, nesse campo discursivo estendido, a literatura ocupa um lugar muito relativo, porém, entra em perspectiva, pela confrontação com outras formas de discurso. O ideologema adquire todo o seu valor nesse *corpus*. O que interessa ao analista são as variações e as transformações discursivas do enunciado cristalizado, de um contexto a outro:

> Em um estado do discurso social, o ideologema não é monossêmico ou monovalente; ele é maleável, dialógico e polifônico. Seu sentido e sua aceitabilidade resultam de suas migrações através das formações discursivas e ideológicas que se diferenciam e se confrontam; ele se realiza nas inumeráveis descontextualizações e recontextualizações às quais se submete. (Angenot, 1989, p. 894)

Assim, por exemplo, no estado do discurso social de 1889, a expressão recorrente "a luta pela vida" é um ideologema particularmente interessante por suas variações em contextos em relação de interdiscursividade. Angenot estuda a migração do discurso científico darwiniano à sua reinterpretação no discurso da imprensa e da literatura: nesta configuração, a origem darwiniana da fórmula é parte integrante do ideologema. "Sempre destacado de uma evolução verdadeiramente transformista, mesmo na metáfora sociológica", o ideologema-estereótipo "a luta pela vida" termina por "denotar o caráter de uma sociedade moderna, moralmente decadente, regulada pelo único axioma de 'cada um por si' e 'ai dos fracos'" (Angenot, 1989, p. 897-898). "A luta pela vida" serve de tema a uma série de obras de segunda categoria, como o melodrama de Daudet *La lutte pour la vie*, que amalgama, à temática darwiniana "dóxica", a propaganda antiparlamentarista e antissemita e o tema do "direito ao crime", proveniente do romance de Dostoievski. Nessa sociocrítica dos discursos, o ideologema analisado no texto literário se torna o elemento de um diálogo com a interdiscursividade de um período dado. (Ver também capítulo "Linguística, retórica e análise do discurso").

Estudos sociocríticos do clichê e do estereótipo

O lugar da literatura é muito mais importante na *sociocrítica*, fundada pelos trabalhos de Claude Duchet, como uma teoria da dimensão social do texto. "Os estudos sociocríticos se apresentam essencialmente como métodos de análise social dos textos [...]. Não o político fora do texto, mas, sim, o social no texto, ou ainda, o texto como prática social precisamente como prática estética [...]" (Duchet-Tournier, 1994). Nesse sentido, os estudos sociocríticos privilegiam a análise das "mediações entre a obra e o mundo do qual ela procede e em que ela se inscreve". Nos trabalhos inspirados por essa abordagem, os clichês e os estereótipos aparecem como vínculos essenciais do texto com o que está fora dele, com o rumor anônimo de uma sociedade e suas representações. São lugares sensíveis de condensação e de produção do sentido no texto literário. Nessa ótica, já não estão mais separados da inscrição das ideias preconcebidas.

Essa abordagem está indissociavelmente ligada a uma reflexão sobre o poder da ficção narrativa dos séculos XIX e XX e sua ligação com as representações imaginárias do social e da história. As questões que se apresentam são: o que pode mostrar a ficção, que escapa à representação conceitual? E, em particular, como figuram nela os movimentos de opinião e o imaginário social (os imaginários sociais) de uma época? Como essa representação registra também os rastros da história? Vemos que, neste dispositivo, os clichês e os estereótipos desempenham um papel fundamental: como mediadores entre indivíduos e sociedade, como filtros e marcas do social no texto literário.

A articulação da poética com a sociolinguística, na síntese anteriormente mencionada de Amossy e Rosen (1982), renova o estudo dos clichês, organizando seu enfoque segundo "classes de discurso" definidas pela visada genérica dos textos e sua ancoragem histórica. Isso liga de maneira indissociável o desafio da poética (o interesse pelas formas literárias e suas transformações, pelas relações de intertextualidade) e o desafio da sociocrítica (a inscrição do social e da história no texto). Assim, retomando o exemplo de Balzac na categoria do "discurso realista", em *Eugénie Grandet*, os clichês são utilizados para construir um mundo de lugares e personagens verossímeis. Mas servem também para desmistificar os valores de uma sociedade. Essa análise ressalta o quanto o clichê está no coração da estética realista: o romancista se serve de sua banalidade e de suas virtualidades representativas em um sistema sociocultural supostamente compartilhado pelo leitor. Assim, por exemplo, a expressão "amarela como um marmelo", aplicada a Eugénie Grandet, produz um efeito de realidade por referência a normas preestabelecidas. Mas a comparação se encontra motivada por uma série de outras imagens ao longo da narrativa (a de "frutos que não têm sabor nem suco" e a de ouro), que fazem do clichê o elemento-chave do sistema interpretativo do romance, uma imagem da depreciação de Eugénie Grandet.

L'Éducation sentimentale (A educação sentimental), de Flaubert (1869), realiza uma representação da história através de clichês e de estereótipos. Françoise Gaillard (1981) mostrou o papel do apelo a "*bras de fer*" ("queda de braço") nas conversações dos notáveis depois das jornadas de junho de 1849. A voz do padre Roque, feroz guardião nacional e bom pai de família, que se faz ouvir na cena de Dambreuse em *L'Éducation sentimentale*, soma-se à de Foreau, o prefeito de Chavignolles, de *Bouvard e Pécuchet*: "Roque queria, para governar a França, uma queda de braço. Em um almoço na casa do conde de Faverges, Foreau expressa também sua opinião: "Eu não faço discursos! Eu não sou um jornalista e afirmo que a França quer ser governada por uma queda de braço". Mais do que um estereótipo, a retomada do apelo à "queda de braço" marca uma estereofonia (F. Gaillard) de opiniões e de interesses. Signo de adesão ao Partido da Ordem, que ganha força depois de junho de 1848, quando o clichê adquire todo o seu efeito do poder finalmente vitorioso. "Hieróglifo do poder salvador" (F. Gaillard), ele é o índice no texto e o emblema do movimento político que conduz ao Segundo Império. O verbete "*Bras*" do *Dictionnaire des idées reçues* ("Para governar a França, é preciso um *bras de fer*") encontra no romance uma situação histórica: "a estupidez é uma fala situada" (F. Gaillard).

A cena da "tomada das Tulherias", em *L'Éducation sentimentale*, no primeiro dia da Revolução de 1848, oferece um outro exemplo do uso dos clichês, dessa vez como marca de um imaginário do povo e de uma crítica à soberania popular (Herschberg Pierrot, 1981). Nos rascunhos, Flaubert havia desenvolvido consideravelmente e investigado a metáfora da estupidez da massa em marcha e a da maré revolucionária, cujos traços são conservados no texto definitivo apenas em forma de clichês ("essa massa fervilhante que aumentava cada vez mais, como um rio no refluxo de uma maré equinocial, com um longo rugido, sob uma impulsão implacável"). Os clichês condensam, assim, todo um desenvolvimento imaginário, explicitamente pejorativo, censurado pelo escritor. Do mesmo modo, a exclamação do personagem Hussonet ("Aqui está o povo soberano!") diante de um "proletário" sentado no trono é apenas uma menção irônica e ambígua de uma fórmula estereotipada com que joga o texto. Os rascunhos reavivavam, por outro lado, o valor semântico de "soberano", e desenvolviam a ideia do povo que se torna em rei, por sua vez: em suma, uma mudança de monarcas. O estudo genético permite compreender melhor o papel dos clichês na escrita flaubertiana. Eles têm uma função estratégica maior em uma escrita baseada na indeterminação interpretativa. Eles deixam aflorar, no texto publicado, as representações do povo revolucionário, que eles condensam e fundem na trama novelesca. Se procedem de uma poética citacional e intertextual (como, por exemplo, a metáfora banal e pomposa "*vaisseau de l'État*"*), eles evocam também um componente ideológico. Inscrevem modos de pensamento pré-construídos, normas, juízos preestabelecidos, que aparecem como evidências sem origem e sem história (Herschberg Pierrot, 1980, e capítulo "Linguística, retórica e análise do discurso" adiante). Os clichês românticos e as fantasias aristrocráticas de Madame Bovary têm também uma contrapartida no imaginário estereotipado do povo, que Flaubert deixa enterrado no arquivo do romance. Em seus devaneios, à noite, ela imagina a vida parisiense "classificada em quadros distintos", constituída do mundo dos embaixadores, das duquesas e dos artistas (*Madame Bovary*, I, 9). "Quanto ao resto do mundo, ele estava perdido sem lugar preciso e como se não existisse". Contudo, nos rascunhos, essa frase substitui, de forma inesperada, toda uma visão do povo, encadeando clichés melodramáticos: "o povo em trapos, os olhos vermelhos, que dorme nu em seu colchão de palha, que cheira à aguardente e bate em sua mulher, assassina gente nos albergues e pelo qual se faz coletas" (Herschberg Pierrot, 2007, p. 105). No texto final, esse imaginário social do povo, alimentado de clichés, é substituído pela menção do vazio.

Porém, o texto de Flaubert é também portador de estereótipos, no sentido de esquemas de representações cristalizadas. Henri Mitterand estudou o "do" socialista em *L'Éducation sentimentale*, no que diz respeito ao personagem Sénécal (*Le Discours du roman*, 1980). A apresentação inicial de Flaubert: "a carrada de escritores socialistas, aqueles que reclamam para a humanidade o nível dos quartéis, para aqueles que a querem entreter em um bordel ou dobrá-la em um balcão" é, ela mesma, carregada de preconceitos e está vinculada à ativação de um estereótipo "do" socialista em toda descrição de Sénécal. Como observa Mitterand, falta uma palavra, em todo o desenvolvimento – a palavra "socialismo", substituída pelas "representações que esta palavra evoca na configuração ideológica de Flaubert". "O dilúvio de metáforas cria um efeito de evidência e mascara a ideia preconcebida" (Mitterand).

---

* N.T.: De acordo com dicionário do *CNRTL – Centre National de Ressources Textuelles et Lexicales*, "*vaisseau de l'État*" ("nau do Estado") é uma expressão utilizada no contexto do discurso político e relaciona-se ao modo pelo qual o governo é ou deve ser conduzido.

Análises interculturais e imagologia

É na continuação da reflexão sociocrítica, que H. J. Lüsebrinck (1996) propõe uma crítica literária intercultural atenta à percepção literária do Outro. Em seu estudo do exotismo literário, e em particular da obra *Roman d'un spahi*, de Pierre Loti (1881), ele faz primeiro uma análise semântica interna, destacando o estereótipo do africano que aparece no texto. Os termos que descrevem a amante senegalesa do soldado colonial (o *"spahi"*) lhe atribuem traços físicos, um encanto sensual, uma animalidade, uma tendência à mentira, à perversidade e à superstição, que a atrelam a um tipo étnico. Essa imagem racial ambivalente está ancorada na ideologia colonial francesa da Terceira República (1871-1914), que se opunha à mistura das populações indígenas com a francesa. O confronto do texto de Loti, próximo a um imaginário da pureza das raças, com outros discursos da época que tratavam do africano, permite demonstrar que essa visão se opõe a discursos coloniais concorrentes. Distingue-se em particular de uma corrente paternalista representada pelo escritor Georges Hardy, que vê os negros como meninos grandes, que podem evoluir, imagem que é divulgada, a partir de 1917, com a famosa publicidade da marca do chocolate Banania. O estereótipo ganha sentido ao colocar em perspectiva outros discursos de época com os quais mantém relações de proximidade ou de oposição. Além disso, deve ser situado em seu contexto histórico próprio: a personagem do africano em uma paisagem de palmeiras e selvas tropicais remete, em Bernardin de Saint-Pierre (*Paul et Virginie*, 1788), à crítica da escravidão dos negros e à utopia de uma sociedade igualitária.

Semelhante análise do estereótipo no quadro de um estudo global das representações literárias do Outro é o objeto que propõe uma ramificação importante da literatura comparada, a imagologia. Fundamentada na perspectiva intercultural que exemplifica a análise anterior do exótico, a imagologia interroga as "modalidades segundo as quais uma sociedade se vê e se pensa, imaginando o Outro" (Pageaux, 1994,

p. 60). As relações interétnicas e interculturais são visadas, não tanto no nível de suas realidades efetivas, mas na maneira como são pensadas, percebidas, fantasiadas: Joep Leerssen (2007), em um esclarecimento sobre a história e o método da imagologia nos estudos literários, destaca que a imagologia trata as representações discursivas ancoradas em um imaginário, não no real. Sem dúvida, esse estudo das relações entre grupos lembra as investigações das ciências sociais e cruza com a imagologia praticada pelos etnopsicólogos (ver capítulo "A noção de estereótipo nas ciências sociais"). Entretanto, ela difere na medida em que privilegia os textos de ficção, nos quais se expressa um imaginário de época, de maneira privilegiada, através de um dispositivo literário. Esse imaginário social, que explora igualmente a sociocrítica, é aqui submetido a uma abordagem comparatista. A partir dessa abordagem, confrontam-se as representações da cultura "que vê" com as representações da cultura "vista": por exemplo, a imagem estereotipada da Espanha na literatura francesa do século XIX (*Carmen,* de Mérimée) e a que oferecem os textos espanhóis que às vezes utilizam os mesmos termos, mas não lhes dão o mesmo sentido.

D. H. Pageaux tenta distinguir a imagem popularmente dita, que ele define como a representação de uma realidade cultural, do estereótipo, que ele considera, sob o signo da pejoração, como uma imagem redutora, monossêmica (transmite uma mensagem única), essencialista (os atributos refletem uma essência do grupo) e discriminatória (está ligada ao preconceito e à rejeição da diferença). Esse ponto de vista, que se inspira claramente em uma corrente das ciências sociais (ver capítulo "A noção de estereótipo nas ciências sociais"), permite denunciar uma atitude de fechamento ao Outro, em favor de uma visão positiva da relação identidade/alteridade. Entretanto, é sintomático que o procedimento elaborado para resgatar do texto uma imagem do Outro se apresente como uma análise de palavras-chave, atenta aos traços de repetição, à contagem das ocorrências, à adjetivação e aos processos de qualificação. Trata-se mesmo de um estudo do estereótipo, como aponta o próprio autor: "a palavra de que se trata aqui não está longe, em sua natureza e função, do estereótipo" (1994, p. 66). Podemos, então, perguntar o que diferencia o estereótipo da imagem como representação cultural. Em que medida essa distinção permanece operacional?

Seja como for, a imagologia propõe, como a análise sociocrítica, uma abordagem dinâmica que não se contenta em coletar as imagens e os estereótipos nos textos literários. Para Pageaux, trata-se de passar do inventário ao "exame da produção do texto", de "observar [...] como as relações entre o Eu e o Outro se transformam em consciência enunciativa" (1994, p. 67). É a retomada e a modulação do estereótipo ou do clichê em um texto literário em que ele é trabalhado que lhe confere sua significação e seu impacto. As figuras de estilo cristalizadas "amarelo como um marmelo" ou "*bras de fer*", os estereótipos do socialista, do africano ou da Espanha se inserem em discursos romanescos particulares e só podem ser analisados em contexto. Mesmo quando não são intencionalmente desconstruídos, são assumidos por um discurso que comporta seu dispositivo enunciativo, suas coerções genéricas, sua estética própria. Elas se integram ao texto literário, que as dinamiza e as ressemantiza, em uma relação que alimenta o imaginário social.

Da problemática da *doxa* às leituras sociocríticas dos clichês e dos estereótipos, o ponto em comum é o reconhecimento da historicidade e do social da linguagem e dos textos. A abordagem sociocrítica e imagológica convidam a uma análise das representações, dos saberes socioculturais e políticos que atuam no texto, a uma pesquisa dos saberes preconcebidos e dos modos do impensado. Mas, bem como a poética e a semiótica, essa abordagem visa a uma produtividade do sentido interno ao texto, em que o leitor pode traçar seus diferentes percursos interpretativos.

Em contrapartida, a definição do estereótipo em termos de construção de leitura implica a abertura do texto para um exterior que lhe é indispensável. É aí que o leitor entra em cena: ele é parte ativa na representação crítica.

ESTEREÓTIPO E LEITURA
O estereótipo como construção de leitura

O clichê não existe em si mesmo, necessita de um leitor que o reconheça, relacionando-o com algo que já tenha sido dito anteriormente: "partiu como um raio" ou "teimoso como uma mula" só resultam clichês se o receptor reconhece ali figuras lexicalizadas e usadas. É ele quem decide se há uma banalização do efeito de estilo ou, simplesmente, o uso de uma figura de analogia. Em outras palavras, a existência do clichê é tributária de sua leitura. Daí a necessidade que havia postulado Riffaterre ao introduzir a figura do leitor na sua definição de clichê (ver capítulo "Clichês, estereótipos e literatura", seção "Os estudos do clichê: da estilística à poética"), sob a forma aliás controvertida de um "arquileitor", ou instância objetiva que representa um somatório de leituras. A partir disso, o texto não pode ser analisado em sua clausura, pois depende da reação do leitor, de seus modos de absorver ou denunciar as marcas de banalidade, apreciar ou ignorar os jogos do texto com suas fórmulas cristalizadas. A reflexão sobre o clichê desemboca naturalmente em uma análise da interação do texto com o leitor, isto é, da recepção.

A obra *Les Idées reçues*, de Ruth Amossy, salienta que a intervenção do leitor é ainda mais determinante, pois deixamos o plano da repetição literal em que se situa o clichê, para abordar o estereótipo. O clichê, de fato, emerge da superfície do discurso na forma de uma expressão pronta, imediatamente reconhecível: "uma doçura angelical", "uma palidez de morte", "branco como um papel". O estereótipo, ao contrário, nem sempre se deixa perceber na superfície do texto. A imagem familiar de uma mulher doce, frágil e pura não necessariamente se molda em fórmulas cristalizadas, mas admite uma multiplicidade de variações. No romance popular do século XIX, por exemplo, a pureza de uma moça se deixa ver por meio dos traços físicos, como, por exemplo, os brilhantes olhos azuis e a brancura da pele. Dentro desse paradigma, as descrições podem valer-se de termos e caminhos diferentes. Também os textos podem apresentar uma mesma visão estereotipada da mulher, sem que para isso se repitam literalmente.

Desse modo, a tarefa do leitor amplia-se. Ele tem a incumbência de reconstruir um esquema abstrato a partir de dados, muitas vezes indiretos, dispersos ou lacunares. De fato, é frequentemente por esses comportamentos, mais do que por uma descrição canônica e direta, que os personagens de um romance são delineados. O destinatário deve reunir comentários dispersos, inferir traços de características a partir de situações concretas e reconstruir o conjunto, relacionando-o com um modelo preexistente. É assim que ele descobre o gascão* nas cenas intensas de *Trois Mousquetaires (Os três mosqueteiros)*, ou também a mãe invasiva de grande coração nos episódios cômicos de *La Promesse de l'aube* (*Promessa ao amanhecer*) (Romain Gary). Às vezes, ele interpreta um elemento inesperado associando-o ao atributo tradicionalmente vinculado à categoria designada. Por exemplo, no *Le Cousin Pons (O primo Pons)*, de Balzac, o velho judeu Magus exibe um "nariz de obelisco", forma nasal que não está nos repertórios habituais, mas que é facilmente associada, pela memória comum, ao nariz do judeu (Amossy, 1991, p. 23).

Em síntese, o leitor ativa o estereótipo, reunindo-o em torno de um tema (a moça, o judeu, o gascão), um conjunto de predicados que lhe são tradicionalmente atribuídos. Ele o faz mediante um processo de:

- seleção: escolhe os termos que lhe parecem pertinentes;
- poda: dispensa como resto ou detalhe aquilo que não entra no esquema;
- junção: reúne porções de discurso dispersas no espaço da obra;
- decifragem: interpreta o sentido de indicações indiretas, como a cor do lírio ou o nariz de obelisco.

O estereótipo é, então, instaurado a partir de uma verdadeira atividade de decifragem, que consiste em recuperar os atributos de um grupo, de um

---

* N.T.: Trata-se de D'Artagnan, o quarto mosqueteiro, proveniente da Gasconha.

objeto etc. a partir de formulações variadas. Em outras palavras, o estereótipo não existe em si, não constitui nem um objeto palpável nem uma entidade concreta: ele é uma *construção de leitura* (Amossy, 1991, p. 21-22).

É claro que é com relação aos modelos preestabelecidos da coletividade que o leitor depreende o esquema estereotipado. É preciso que a representação literária remeta a uma imagem cultural familiar para que ele possa recuperá-la. Na literatura patriótica posterior à derrota de 1870, por exemplo, o alemão é apresentado através de descrições e episódios narrativos tão numerosos quanto diversificados. O público reconhece frequentemente, nessas modulações, a representação do militar brutal, glutão, embriagado, um gigante feliz em destruir: ele recupera a imagem que havia se imposto na França depois da guerra franco-prussiana. Sem dúvida, o público da primeira metade do século XIX, acostumado à imagem do bom alemão sonhador, artista, ingênuo, desprovido de senso de humor, aquele que exemplifica o músico Schmucke, em *Le Cousin Pons*, de Balzac, este público teria sido incapaz de encontrar no retrato do soldado violento e bárbaro a representação coletiva do alemão. A ativação do estereótipo depende, portanto, ao mesmo tempo, da capacidade de o leitor construir um esquema abstrato e de seu saber enciclopédico, de sua *doxa*, da cultura na qual está imerso.

O estereótipo no processo de leitura

Vemos, então, a importância do leitor na atualização dos estereótipos: não há estereótipo sem atividade leitora. As teorias da leitura insistem corolariamente no caráter central dos esquemas cristalizados para a leitura do texto literário: não há atividade de leitura possível sem estereótipos. A questão é importante para todos os que consideram que o texto não existe em si e que a intervenção do receptor, sozinha, pode construir as significações da obra, instituindo-a como objeto estético. A partir dessa perspectiva, todos os teóricos da recepção buscam determinar os princípios reguladores da interação texto/leitor. É nessa perspectiva que fazem intervir a estereotipia, em sentido amplo, em diferentes níveis: quer verbais (sintaxe, léxico, estilo), quer temático-narrativos (temas e símbolos, funções e sequências narrativas, estruturas discursivas), os estereótipos, assim, proporcionam as bases para a decifragem. É a partir deles, ao reconhecê-los e ativá-los, que o receptor pode empreender uma atividade de construção de sentido.

Como exemplo, mencionamos o *Lector in fabula*, de Umberto Eco, que analisa a recepção em termos de cooperação interpretativa entre o texto e seu leitor. Seguindo essas propostas do teórico alemão Wolfgang Iser, Eco considera que a obra literária estimula a atividade leitora tanto pelo que não diz, como pelo que enuncia. O texto compreende brancos, vazios, rupturas, camadas do implícito que cabe ao leitor ativar. Por leitor, Eco considera não o público empírico, mas um leitor modelo, aquele que o texto prevê, "aquele que é capaz de cooperar na atualização textual do modo como [...] o autor o concebeu" (Eco, 1985, p. 68). Para poder decifrar a obra de maneira bem-sucedida, é necessário que o leitor domine um dicionário de base (o léxico da língua utilizada), mas também que tenha uma competência enciclopédia que abarque os cenários pré-fabricados. É neste ponto preciso que intervém o estereótipo.

De fato, o relato somente pode ser interpretado a partir da inferência de roteiros preexistentes. Esses roteiros são tão comuns quanto intertextuais. Para o primeiro caso, Eco retoma a noção de *frame*, ou "estrutura de dados que serve para representar uma situação estereotipada como estar em certo tipo de sala ou ir a uma festa de aniversário infantil. Cada *frame* compreende uma quantidade determinada de informações" (1985, p. 103) que permitem, desse modo, algum grau de previsibilidade. Trata-se de um saber comum a todos os membros de uma mesma comunidade cultural. Para o segundo caso, o semioticista evoca cenários emprestados da literatura, que não necessariamente constituem um conhecimento compartilhado por todos os leitores de uma mesma comunidade. São os cenários intertextuais, que compreendem as formas genéricas (o conto de fadas, a comédia, o romance policial etc.), os cenários-temas (a jovem perseguida, em que atores, sequências, ambiente são determinados, porém não a sucessão de acontecimentos) e os cenários situacionais (o duelo do bandido e do xerife). A decifragem seria, ao menos em parte, determinada pela aplicação de cenários pertinentes.

Desse modo, para dar conta da diferença entre: "Charles faz amor com sua mulher duas vezes por semana. Pierre também", e "Charles passeia com seu cachorro todas as tardes. Pierre também", não basta ter uma competência linguística, é necessário apelar a esquemas preexistentes. A ambiguidade do primeiro exemplo, que contrasta com a não ambiguidade do segundo, vem do fato de que há cenários estabelecidos relativos a triângulos de adultério, que não existem para as relações entre animais domésticos e seus donos. Então, o leitor aplica apenas à primeira sequência o modelo do triângulo, não lhe ocorrendo a ideia de que dois homens possam desejar passear com o mesmo cachorro.

Na obra de Jean-Louis Dufays, *Stéréotype et lecture* (1994), são examinadas as diversas modalidades, segundo as quais as teorias da leitura recorrem à estereotipia. Ampliada às dimensões de todo esquema convencional, a estereotipia converte-se, para Dufays, no próprio fundamento da leitura. Para ele, "aprender a ler é, antes de tudo, aprender a dominar os estereótipos", ou seja, recuperar constelações cristalizadas, esquemas compartilhados por uma determinada comunidade.

Assim acontece, por exemplo, com "O Albatroz", de Baudelaire, em que o leitor, para decifrar o poema, deve primeiramente reconhecer expressões como "reis do azul" ou "amargos abismos" no plano estilístico. A seguir, o leitor ativa no plano semântico estruturas familiares, como a oposição entre um herói nobre e um grupo malvado, ou também o *topos* romântico do poeta maldito, genial, porém, desconhecido. Dufays insiste no fato de que somente a permanência desses sistemas de estereótipos garante a legibilidade do poema hoje em dia. Ele observa que outros estereótipos, sensíveis à época, desapareceram em nossos dias: assim, por exemplo, o tema do albatroz celebrado em sua humanidade e em sua dignidade, que estava em via de se transformar em um tema convencional, já não faz parte da nossa memória cultural. Em contrapartida, Dufays acredita que o leitor atual pode ativar representações substanciais no imaginário coletivo contemporâneo. Entre elas, um bom candidato é o pássaro-mártir, vítima da poluição (1994, p. 35). Porém, o reconhecimento dos clichês estilísticos e dos temas não basta: o leitor passa necessariamente pelo reconhecimento de um cenário: "Temos aqui uma cena de piada coletiva estruturada, conforme o esquema: provocação inicial, busca de uma distração, escolha de uma vítima, ênfase na vítima, saliência do aspecto ridículo da vítima – exploração crescente da jocosidade". Intervém também um esquema genérico, da parábola, que agrega uma moral ao final da narrativa (1994, p. 155).

A estereotipia é visada aqui no sentido mais geral do termo e é estendida às macroestruturas. É que o objetivo consiste em explicar como, a partir de elementos já familiares, o texto se deixa apreender, interpretar e apreciar. Nesse nível, as noções específicas de clichê e de estereótipo perdem sua autonomia e se integram (como na semiótica de Riffaterre ou na poética da narrativa) em uma estereotipia generalizada dentro da qual todos os níveis contribuem para a interação do texto e do leitor. Este processo não acontece sem que a especificidade das noções de clichê e de estereótipo se dissolva nas noções bem gerais, de forma fixa, de cenário familiar – ou de forma literária, simplesmente.

Para os teóricos da leitura, a decifragem não consiste, entretanto, em encontrar estereótipos no texto, e menos ainda em reduzir o texto a esquemas pré-fabricados que conhecemos de antemão. Aliás, muitos julgam o valor estético de uma obra a partir de sua capacidade para modificar e eventualmente revolucionar os costumes e as ideias cristalizadas do público de sua época. É o que se destaca, por exemplo, das noções de "horizonte de expectativa" e de "mudança de horizonte", que propõem a estética da recepção de Jauss. A arte "culinária" seria o que "satisfaz o desejo de ver o belo reproduzido em formas familiares, confirma a sensibilidade em seus costumes" (Jauss, 1978, p. 53). Uma grande obra seria, em vez disso, a que "supera", "decepciona" ou "contradiz" a expectativa de seu primeiro público. Tomemos o caso de uma narrativa bem conhecida de Balzac, *Sarrasine*, na qual o protagonista, um escultor que se encontra na Itália, apaixona-se perdidamente por uma diva da ópera. Ele lhe fala nos seguintes termos:

> Oh! Quanto te amo!, disse ele. Todos os teus defeitos, teus terrores, tuas pequenezas agregam graça à tua alma. Sinto que detestaria uma mulher forte, uma Safo valente, cheia de energia, de paixão! Oh, frágil e doce criatura! De que outro modo poderias ser? Essa voz angelical, essa voz delicada seria uma contradição se saísse de um corpo que não fosse o teu.

O leitor é levado a reconstruir a imagem da mulher por excelência, um ser angelical que se caracteriza por sua delicadeza, sua doçura, sua fragilidade e sua natureza impressionável que a torna facilmente suscetível ao medo. Opõe-se aí a imagem encarnada por Safo, mulher viril, que se distingue pela força, energia, coragem e paixão. Aos olhos do artista, a mulher frágil que corresponde à *doxa* do século XIX é a que realiza seu ideal e desperta seu desejo. Entretanto, o relato de Balzac incita o leitor a ativar esse estereótipo justamente para questioná-lo, já que Zambinella não é uma mulher, e sim um *castrato*. Há toda uma concepção familiar da feminilidade que, a partir daí, é questionada, levando ao que Jauss chama de "mudança de horizonte".

Além disso, é necessário assinalar que a ativação dos estereótipos varia em função da bagagem cultural do receptor. Se o texto pode apontar evidências e questionar valores, também pode estar sujeito a decifragens diversas, e inclusive contraditórias em função dos estereótipos que guiam a atividade leitora. As competências enciclopédicas do público variam em função de paradigmas de classe, idade, cultura, época etc. Eco destaca que a competência cultural e intertextual do leitor empírico não necessariamente corresponde àquela que o texto supõe ao instituir seu leitor-modelo. Assim, o leitor do nosso fim de século pode ver na mulher-anjo uma representação romântica obsoleta, a respeito da qual, contrariamente o leitor da primeira metade do século XIX toma uma distância crítica. Aqueles que estão familiarizados com teorias feministas irão mais longe e encontrarão em *Sarrasine* "a mulher-eunuco", de que trata um clássico da literatura feminista norte-americana, que leva precisamente esse título (de Germaine Greer). Que o *castrato* possa figurar ilusoriamente a mulher ideal aos olhos de um homem ilustra a natureza de uma concepção errônea da feminilidade e da diferença dos sexos.

A questão da paraliteratura

Contrariamente aos textos que retrabalham os esquemas cristalizados e as expressões prontas, a literatura de massa ou "paraliteratura" se nutre de formas estereotipadas. Ajusta-se, desse modo, à demanda do grande público, que busca modos de expressão e efeitos estéticos imediatamente acessíveis. O leitor médio gosta dos personagens estereotipados e dos lugares-comuns nos quais ele se sente em terreno familiar. Contrariamente aos textos de vanguarda, que tendem à inovação, gerando rupturas, às vezes radicais, com as normas estabelecidas, a literatura de grande difusão atrai seu público, oferecendo-lhe as formas mais conhecidas, que lhes serão fáceis de reconhecer e assimilar. A partir dessa perspectiva, são apreciados particularmente os temas e as expressões literárias caídos em desuso e relegados à categoria de lugares-comuns, os "clichês desvalorizados" (Lafarge, 1983, p. 55), emprestados da cultura legítima. Os sociólogos da literatura salientam que a literatura destinada ao grande público, chamada por Pierre Bourdieu de "campo de produção em massa", deve evitar as rupturas de comunicação que arriscam acarretar o uso de um código inacessível para o consumidor médio. Por isso, só se pode renovar a literatura destinada ao grande público quando se tomam e adaptam temas já conhecidos na literatura consagrada da cultura erudita.

O manuseio acrítico das formas gastas provoca, para o público letrado e para os especialistas, uma desvalorização que é bem traduzida pelas noções de "paraliteratura" ou de literatura de massas. Estigmatizam-se as obras que se contentam em reproduzir os modelos estereotipados sem distância crítica. A condenação não é somente estética: na maior parte das vezes, ela é também ideológica. De fato, considera-se que o receptor, encorajado a um consumo rápido, a uma absorção passiva, permanece preso nas falsas evidências da *doxa*. Não é surpreendente, nessa perspectiva, que a análise das obras de grande difusão se realize com frequência como um empreendimento de desmitificação. Ao abordar os textos que apaixonam o grande público, denuncia os valores adulterados que essa leitura corrobora.

Com essa intenção desmistificadora, Anne-Marie Dardigna analisa os relatos sentimentais nas narrativas de *Intimité, Nous deux* e *Confidences*.* Nessas narrações esquemáticas, há "um vocabulário relativamente pobre e situações sem grande variação, isto é, estereótipos" (1984, p. 284): uma jovem que quer libertar-se de certas restrições ou normas de bom comportamento passa por uma série de provações que a levam de volta à "ordem", isto é, ao amor e à submissão. A heroína deve mostrar qualidades "femininas" como a modéstia, a discrição, a ausência de orgulho, a paciência e a abnegação, que lhe permitem submeter-se à sábia autoridade de um homem para encontrar a felicidade. É a mensagem conservadora desse tipo de ficção, bem como a sua total falta de originalidade, que a analista da "*presse du coeur*" denuncia com veemência.

Observamos, entretanto, que existe uma segunda via possível, a qual rejeita a condenação em bloco e salienta o prazer que a leitura popular proporciona, examinando as necessidades que respondem ao estereótipo. Assim, em *Le Roman d'amour et sa lectrice* (1997), Annik Houel considera que não basta denunciar a função alienante dos estereótipos da coleção Harlequim, mas é preciso examinar o que eles ocultam. Eles serviriam, no caso, para dissimular os traços de uma demanda feminina reprimida por nossa sociedade. Uma prova disso é o personagem estereotipado do amante sempre musculoso, viril, moreno, de olhos verdes felinos. Ora, segundo

---

* N.T.: Títulos de revistas da chamada "*presse du coeur*", que ganhou terreno nos anos 1950, com publicações sentimentais, como as fotonovelas, voltadas para o público feminino.

Houel, esses "clichês servem sobretudo para encobrir o que o herói tem, justamente, de menos viril: seu aspecto maternal" (1997, p. 126). Ele se apresenta como uma mãe, ao mesmo tempo protetora e todo-poderosa para uma protagonista que permanece sendo uma menininha. Não há quase maternidade nessas novelas: a heroína parece preferir o estatuto de menina à de mãe. O amante das séries Harlequim preencheria, assim, um sonho de amor verdadeiro, que recuperaria a relação idealizada de mãe-filha.

Desses enfoques em contraste do romance sentimental, parece se sobressair que o leitor (ou a leitora) deve aderir aos esquemas coletivos estabelecidos, sem nenhuma possibilidade de distanciamento. Pode-se afirmar que a paraliteratura exclui toda postura crítica a respeito dos clichês e dos estereótipos que evoca? Podemos pensar que o leitor que guarda lucidamente suas distâncias não cumpre o percurso previsto pelo texto. Sua decifragem o leva a desconstruir e, portanto, a denunciar as imagens prontas, às quais ele supostamente iria aderir. Alguns estudos, como a célebre análise de Umberto Eco sobre a série James Bond, mostram, entretanto, que as obras altamente estereotipadas podem seduzir diferentes tipos de público e dar lugar a diversas leituras. Desejando apenas construir uma máquina que funcione, Fleming procura, conforme Eco, oposições elementares que ele encarna em clichês, eles mesmos fundados na opinião comum. "Em um período de tensão internacional, o comunista malvado se converte em um clichê, como já o é, porque ficou historicamente estabelecido, o criminoso nazista impune. Fleming utiliza um e outro clichê com a maior indiferença" (Eco, 1966, p. 92). O leitor "sofisticado" encontra ali, não sem complacência estética, esquemas elementares traduzidos em imagens atuais. Ao fazê-lo, reconhece Fleming "como um dos seus, o mais hábil e o mais desprovido de preconceitos" (1966, p. 93). Seguindo esse raciocínio, os estereótipos das histórias em quadrinhos podem agradar tanto aos que os identificam quanto aos que os deixam passar despercebidos. O esquematismo de Bécassine, de Tintin ou do Capitão Haddock, quando é percebido, é uma lisonja à inteligência, apelando à "interpretação dos códigos pertencentes a diversos estereótipos".[9]

Pode-se afirmar que o leitor não sofisticado está condenado ao desconhecimento? Pelo contrário, pois esse leitor pode, ele também, reconhecer o caráter estereotipado do texto, sem por isso criticá-lo. A previsibilidade da estereotipia e os jogos infinitos de variações que ela engendra lhe proporcionam um bônus de prazer. Este é o princípio do romance policial que Jacques Dubois lembra "estar totalmente fundado em uma vasta convenção. Pode-se mesmo dizer que ele chega ao ápice da estereotipia inerente às formas triviais, ao submetê-las a uma codificação sutil".[10] Dedicada às peripécias da intriga e ao sistema dos personagens, a variação retórica, no romance policial, torna-se um princípio de criatividade. Seja qual for seu nível de instrução, o leitor é sensível a essa modulação, que ele aprecia, tanto no que tange à repetição quanto no que toca à novidade. O mesmo se aplica à literatura de terror, em que os estereótipos pertencem a um repertório do medo que inclui o fantasma, o vampiro, o louco. O público o aceita como se fora um jogo do qual participa livremente (Amossy, 1991, p. 121-142). Muito mais que isso, os clichês do gênero ("seus cabelos se arrepiaram de terror") dão medo porque são conhecidos: "Somente tenho medo dos medos da minha coletividade", afirma Charles Grivel, e acrescenta: "A fábula constrói seus objetos de angústia [...] sobre a base do saber social".[11] De fato, os estereótipos são fonte de suspense e prazer: esperamos o momento em que o cadáver se levantará de seu leito, onde a sombra será povoada de fantasmas. A repetição se dá como a realização de uma promessa, ao mesmo tempo que o código se presta a infinitas variações.

Além disso, certo tipo de paraliteratura incita expressamente o grande público a identificar os estereótipos e os clichês. Séries policiais, como *Arsène Lupin*, *Rouletabille* ou *Sherlock Holmes*, atraem o olhar crítico do leitor para seus efeitos de repetição e seus procedimentos de construção de clichês (Couégnas, 1992, p. 97-98). Em um estudo sobre "o uso do lugar-comum e do estereótipo em Édouard de Saint-Amour", podemos ver que o romance popular também toma distância dos estereótipos medievais ridicularizados em *Madame Bovary* e em *Bouvard e Pécuchet*.[12]

Isso significa que os textos designados como paraliterários não necessariamente apostam na incapacidade do destinatário para reconhecer os esquemas coletivos cristalizados e as figuras gastas.

Por uma didática da leitura

A relevância do estereótipo no processo de leitura faz dele um objeto de reflexão privilegiado para os especialistas em didática. Atualmente, aconselha-se aos docentes que iniciem seus alunos na leitura literária, familiarizando-os com a noção de estereótipo e treinando-os na análise de esquemas cristalizados. Desse modo, fica superada a tradição que consistia em condenar toda sorte de traço de banalidade. Em lugar dessa crítica puramente negativa, Dufays propõe que, na formação dos alunos, aproveite-se a definição e o reconhecimento do estereótipo. O autor apresenta um procedimento que considera adequado a partir do terceiro ano do ensino secundário. Consiste em apresentar aos alunos uma série de textos variados: uma página de fotonovela, publicidades, histórias em quadrinhos etc., convidando os alunos a identificar as expressões e representações comuns e cristalizadas. Mesmo não conhecendo o termo "estereótipo" nem as noções a eles relacionadas, os alunos são capazes de identificá-los, sem grandes dificuldades. Em seguida, o docente os inicia na definição do estereótipo e apresenta outro conjunto de textos em que o estereótipo é utilizado em primeira instância, ou é colocado a distância, ou, ainda, é explorado de forma ambivalente. Esse exercício permite confrontar as modalidades de enunciação e de recepção dos estereótipos e desenvolve a capacidade de análise do jovem leitor. Nas aulas dos últimos anos, Dufays sugere inclusive realizar um debate entre grupos de alunos que defendem pontos de vista diferentes sobre o valor dos estereótipos, a partir de leituras prévias: o direito à cidadania dos lugares-comuns, J. Paulhan; os aspectos nefastos da estereotipia, R. Barthes; a bivalência do estereótipo, R. Amossy (Dufays, Gemenne e Ledur, 1996, p. 233).

Essa iniciação à estereotipia desenvolverá, ao mesmo tempo, uma atitude para a leitura e para a capacidade de análise dos alunos. Ela permite que os alunos avaliem o grau de inovação de um texto e também que compreendam como se entrelaçam elementos preexistentes em uma retomada (de maneira singular ou não). O descobrimento das possibilidades de modulação e de transformação dos materiais estereotipados estimula a própria criatividade dos alunos. A leitura crítica é uma preparação para os exercícios de escrita. Ao mesmo tempo, a iniciação ao estereótipo permite aos alunos ver que as representações aparentemente mais "naturais", na realidade, estão vinculadas a uma época, a uma forma de sentir e de pensar que corresponde a um momento determinado. Essa competência cultural deve ajudá-los a relativizar suas próprias crenças e a compreender melhor a dimensão social e ideológica do discurso.

Em que medida os alunos são capazes de encontrar os estereótipos pertinentes para uma boa compreensão do texto? Na obra *Enseigner la lecture littéraire*, Annie Rouxel assinala que "o que o adulto percebe em um discurso como falta de originalidade ou receitas gastas é novo para o aluno. Como suprir sua falta de experiência e ajudá-lo a perceber o que, à força do uso, cristalizou-se na linguagem e no pensamento"? (1997, p. 174). Ela responde a essa pergunta propondo um modelo de ensino que pretende proporcionar aos jovens leitores os elementos que lhes faltam. Assim, para ler a famosa cena dos Comícios de Flaubert, ela sugere levar à aula documentos e esclarecer, por exemplo, o discurso de Lieuvain em comparação a elogios autênticos do progresso e da agricultura. Será proveitoso apresentar os discursos de época, confrontando-os com a eloquência política contemporânea. Rouxel propõe também levar excertos da correspondência e dos manuscritos de Flaubert que permitam apreciar o trabalho do escritor sobre os clichês e sobre ideias preconcebidas.

No ensino da leitura, há que se levar em conta o saber enciclopédico dos alunos, geralmente limitado, e sua falta de familiaridade com os esquemas coletivos que já não fazem parte da sua bagagem cultural.

Assim, a leitura de um fragmento de *La Chute* (*A queda*) (1956), em um curso do terceiro nível em 1997, mostrou até que ponto a variação das leituras e a riqueza da decifragem dependem do domínio dos modelos culturais que entram em jogo no texto de Camus. Clamence, o narrador, manifesta sua cisma em unir-se à Resistência nos anos 1940, mas vai se esquivando com diversos pretextos, pode ser reconstruído pelos estudantes, conforme paradigmas diversos. Para aqueles que se referem ao debate público destes últimos anos sobre o comportamento do "francês médio" durante a Ocupação, o personagem Clemence aparece como um homem de má-fé, que não confessa sua apreensão em combater os nazistas. Para os que estão familiarizados com a reflexão existencialista, o personagem aparece como um homem que escapa ao dever de engajar-se. Para os estudantes de narratologia que não conhecem esses modelos culturais, mas que ativam modelos narrativos não contextualizados, o personagem aparece como um anti-herói. Para outros, enfim, a figura de Camus se constrói na interseção desses diferentes modelos. Nesse sentido, podemos dizer, como Dufays, que a "riqueza" de uma leitura depende "da quantidade de estereótipos que mobilizamos nela" (Dufays, 1994, p. 153). O estudante deve adquirir não somente uma aptidão para reconstruir os esquemas textuais, mas também o conhecimento enciclopédico que permite identificar os estereótipos, relacionando-os a modelos preexistentes. Somente então poderá encontrar e apreciar as variações, as divergências e, em síntese, o potencial inovador do texto selecionado.

No campo dos estudos literários, os fenômenos de estereotipia também são objetos de diversos enfoques, que muitas vezes não coincidem nem com a questão do valor, nem com a da sua definição. Vemos que, às vezes, clichê e estereótipo são confundidos ou tomados como designação genérica. Quando tratamos de diferenciar as noções, resulta, entretanto, que "clichê" está sobretudo reservado à figura de estilo gasta, à marca do banal no plano da expressão. "Estereótipo" designa, mais correntemente, o esquema coletivo cristalizado, a imagem ou a representação comum, e nesse sentido vincula-se à noção elaborada pelas ciências sociais. Além disso, podemos retomar das ciências sociais a ideia de "estereotipagem" para designar o processo que caracteriza a leitura literária.

Quanto ao valor, há os que veem na *doxa*, no clichê e no estereótipo, elementos cristalizados privados de dinamismo e esvaziados de sentido, de resíduos; distinguindo-se destes, há também os que consideram que as expressões e as imagens que caem no domínio comum são incessantemente retomadas e dinamizadas pelo texto literário, que se dedica a reelaborá-las. Essa dupla avaliação evoca a bivalência do estereótipo nas ciências sociais. Ela é menos comum nas ciências da linguagem, em que o ponto de vista pejorativo que conduz a análise dos preconceitos, da originalidade criativa, ou da mistificação ideológica, tende a se apagar em favor de considerações diferentes, como o estudo da significação na língua ou a eficácia da palavra na retórica.

LINGUÍSTICA, RETÓRICA E ANÁLISE DO DISCURSO

Este capítulo tem como campo de estudo as ciências da linguagem. Na primeira parte, reúne diversas teorias em lexicologia e em semântica, que, para além de suas divergências, se interessam pelo estudo da língua. A segunda seção aborda a argumentação como modo de persuasão discursiva. A última parte é dedicada às orientações das diferentes análises de discurso.

OS ESTEREÓTIPOS NA LÍNGUA

Locuções cristalizadas

A problemática do estereótipo, e mais precisamente aqui do clichê (como figura de estilo cristalizada), se cruza com o estudo das locuções e das expressões cristalizadas. Chama-se de locução "todo grupo cujos elementos não são atualizados individualmente" (Gross, 1996, p. 14). Na expressão "*un cordon-bleu**", não se pode inserir um advérbio

---

* N.T.: *Cordon bleu* é, literalmente, "faixa azul" e, na origem, remete a uma alta condecoração de cavaleiros da Idade Média, na França. Os cavaleiros da ordem *cordon bleu* eram conhecidos também por cultivar a arte do bem comer, reunindo-se para sessões de degustação, daí a referência à boa cozinha que se estabeleceu.

na frente do adjetivo "*bleu*" (*um *cordon* bastante *bleu*), não se pode substituí-lo por um sinônimo ou por uma variante sem mudar o sentido da expressão. A expressão também não é composta pelo sentido dos diferentes elementos, tal como eles funcionam fora da sequência, mas corresponde a uma significação global (um *cordon-bleu* designa alguém que cozinha muitíssimo bem). Em contrapartida, pode-se qualificar o conjunto da expressão como uma unidade (um excelente *cordon-bleu*). As locuções respondem, pois, a coerções de cristalização sintática e semântica. Gaston Gross as classifica por partes do discurso: nomes compostos (*mesa-redonda* ou *chave-inglesa*), determinantes do nome (ter uma *fome de leão*), locuções verbais (*jogar a toalha*), adjetivas (*em pelo, sob medida*), adverbiais (*a torto e a direito*), ou locuções prepositivas ou conjuntivas (*apesar de, sob risco de*).

Vê-se que, do ponto de vista dos exemplos, clichês e locuções estão em intersecção. Nem todas as locuções são clichês (as locuções conjuntivas ou prepositivas, muitos nomes compostos). Mas algumas entre elas o são (*uma fome de leão*). Os clichês correspondem em particular a expressões que marcam a intensidade, baseadas em comparações (*belo como um deus grego, frio como o mármore, uma febre de sapo, uma paciência de Jó*), ou a metáforas cristalizadas (*chover no molhado, dar pano para manga*). A presença de figuras de estilo, prontas para a remotivação semântica em contexto, parece necessária à produção de clichês (ver capítulo "Clichês, estereótipos e literatura"). Da mesma forma, nem todos os clichês são locuções. Eles se distinguem delas pelo grau de cristalização: "um eminente linguista" é uma associação clichê, cujos elementos são providos de certa autonomia sintática. De fato, locuções, estereótipos e clichês fazem parte de um contínuo das expressões cristalizadas, juntamente com os provérbios (*Deus ajuda quem cedo madruga*) e os slogans (*o peso das palavras, a luz no fim do túnel*), que se caracterizam, no entanto, pelo fato de que a cristalização recai sobre o enunciado inteiro. Eles podem ser "descristalizados" conforme procedimentos semelhantes, um deles consistindo em "abrir paradigmas onde, por definição, não há" (Gross, 1996, p. 20): procedimentos amplamente utilizados, com os jogos de palavras, nos títulos da imprensa (Fiala-Habert, em *Mots*, 1989) e nos slogans publicitários ("*O choque das ideias, o peso das realidades*"; Gross, 1996, p. 20).

Não são os exemplos sozinhos que distinguem clichês e locuções, mas a perspectiva das disciplinas que os estudam. Locuções como *um frio de rachar* ou (ele estava com os) *nervos à flor da pele* interessam aos linguistas por razões de ordem morfossintática (questão da formação das palavras) de ordem lexical (questão da delimitação das unidades lexicais) e lexicográfica (composição dos artigos de dicionários monolíngues e bilíngues). Em contrapartida, a abordagem estilística estuda os efeitos do clichê em um contexto discursivo, seu papel na produção do texto, as diferentes leituras que as figuras cristalizadas podem proporcionar (ver capítulo "Clichês, estereótipos e literatura").

Semântica do estereótipo e do protótipo

O ESTEREÓTIPO CONFORME HILARY PUTNAM

O **estereótipo** foi objeto de uma teoria semântica à qual se faz frequentemente referência nos trabalhos linguísticos. Ela tem origem nos trabalhos do filósofo americano Hilary Putnam, que tratam da significação dos nomes de espécies naturais (noção introduzida em 1970, no seu artigo "*Is semantics possible?*".

O estereótipo é uma ideia convencional, associada a uma palavra numa dada cultura: por exemplo, para o tigre, as listras; para o limão, a acidez e um tipo de casca grossa de cor verde; para a água, "sem cor, transparência, sem gosto, que acaba com a sede etc.". O estereótipo é uma parte da significação que responde à opinião corrente associada à palavra. A significação, segundo Putnam, inclui além dos marcadores sintáticos ("água": "nome massivo concreto"), marcadores semânticos que permitem a classificação da espécie ("água": "espécie natural, líquida") e a extensão, que, na teoria de Putnam, diz respeito à competência dos especialistas (no exemplo dado, H_2O).

Essa teoria opõe-se ao modelo ilustrado em linguística pela análise componencial, que define o sentido de uma palavra por suas condições necessárias e suficientes: "o sentido de uma palavra, sendo compreendido como aquilo que determina sua referência, é constituído das condições que deve preencher um referente para ser adequadamente denominado por essa palavra".[13] Determinam-se em poucos traços o que permite diferenciar um termo de outro e identificar o referente. A definição assim extraída é dita analítica (ela é verdadeira *a priori*). O exemplo típico que ilustra essa abordagem é o de "solteiro", definido como "homem não casado".

A semântica do estereótipo, restrita às palavras de espécie natural, procede de outra maneira. Ela considera que a palavra designa diretamente o referente, e ela fornece dele uma descrição típica: o estereótipo é "aquilo que caracteriza um membro normal da espécie" (Putnam, 1990, p. 301). "Em uma palavra, minha proposta é definir a 'significação', não recuperando um objeto que se identificará com a significação [...], mas especificando uma forma normal (ou, antes, um tipo de forma normal) de descrição da significação" (Putnam, 1985, p. 42). Essa descrição do sentido não corresponde a uma verdade analítica: limões cuja casca não seja verde continuam sendo limões (a cor verde é um traço distintivo necessário, mas não suficiente, da definição dos limões); da mesma forma, um tigre albino não é uma entidade contraditória como um solteiro casado.

A teoria do estereótipo visa, de fato, menos fornecer uma representação da significação e mais permitir empregar a palavra em discurso e compreendê-la (ver Marandin, 1990, p. 285). É uma representação simplificada associada a uma palavra, obrigatória para assegurar um bom uso da comunicação numa dada sociedade. Assim, para adquirir e empregar a palavra tigre, é necessário saber que o tigre tem listras:

> Desse ponto de vista, espera-se que alguém que conhece a significação de "tigre" (ou, como decidimos dizer, adquiriu a palavra "tigre"), saiba também que os tigres estereotípicos são listrados. Mais precisamente, a comunidade linguística só requer um estereótipo de tigre (o locutor pode possuir vários deles): ele deve possuir esse estereótipo, e saber (implicitamente) que ele é obrigatório. (Putnam, 1985, p. 38-39).

O estereótipo assegura uma descrição do sentido em uso, fundamentada num reconhecimento da norma social e cultural.

> Na nossa cultura, exige-se que os locutores saibam com o que os tigres se parecem (se eles adquirem a palavra "tigre", o que é virtualmente obrigatório); não é preciso que conheçam os mínimos detalhes (como a forma das folhas) do que deve parecer um olmo. A sua língua exige dos anglófonos que eles sejam capazes de distinguir os tigres dos leopardos; ela não requer que eles sejam capazes de distinguir os olmos das faias. (Putnam, 1985, p. 37-38)

Da mesma maneira, o estereótipo, se é obrigatório numa dada cultura, pode evoluir com as crenças: não se crê mais atualmente em bruxas e na sua relação com o diabo.

Nessa concepção, que se inscreve numa tradição favorável ao senso comum, o estereótipo não é uma entidade pejorativa, mesmo que ele se revele inexato:

> No falar ordinário, um "estereótipo" é uma ideia convencional (frequentemente pejorativa e de uma inexatidão às vezes extravagante) sobre a aparência, as ações, ou a natureza de um X. Com certeza, abandono alguns traços da linguagem ordinária. Não me interesso de forma alguma pelos estereótipos pejorativos (salvo quando a linguagem é ela mesma pejorativa); mas eu me interesso pelas ideias convencionais que podem ser inexatas. (Putnam, 1985, p. 38)

A representação comum do ouro, a do metal precioso de cor amarela, não corresponde à cor verdadeira do metal puro. Mas isso não prejudica em nada a comunicação corrente. Igualmente, o locutor médio não tem necessidade de conhecer a definição do quilate para ter adquirido a palavra "ouro". A teoria do estereótipo em Putnam supõe uma divisão do trabalho linguístico, que diferencia as competências exigidas na linguagem corrente das dos especialistas.

O interesse dessa teoria em semântica é o de reintegrar à significação componentes ditos "enciclopédicos" abandonados pela semântica clássica. Esses componentes constituem de fato a base das definições lexicográficas das palavras que dizem respeito a espécies naturais ou a *artefatos* (Fradin e Maradin, 1979). Assim, a definição de "corvo" dada pelo *Trésor de la langue française* ("Grande pássaro [aves Passeriformes] de plumagem negra, bico resistente e ligeiramente curvado, conhecido como carniceiro") associa um classificador ("grande pássaro") à "enciclopédia" ligada ao substantivo, que é o universo de saber (e de crenças) que formam seu estereótipo: para o corvo, ter uma plumagem negra, um bico resistente e ligeiramente curvado, ser conhecido como carniceiro. Para Bernard Fradin e Jean-Marie Marandin, o "sentido" dessas palavras de classe natural/artefato é "um conjunto de frases 'enciclopédicas' que constituem um estereótipo ligado ao substantivo" (Fradin e Marandin, 1979, p. 66). Na linha de Putnam, essa reformulação do estereótipo lhe confere, no entanto, uma dimensão mais abertamente discursiva: a expressão do estereótipo é compreendida como uma forma de enunciação tipificante (o corvo tem uma plumagem negra, é uma ave conhecida como carniceira etc.).

O estereótipo não está, aliás, contido apenas nas definições. Num estudo comparado do espanhol e do francês, Ariane Desportes e Françoise Martin-Berthet (1995) ressaltam a necessidade de levar em conta as unidades fraseológicas de cada língua para descrever os estereótipos: "vermelho como um galo" faz referência à crista do galináceo, elemento típico ausente nas definições.

A concepção do estereótipo como leque de traços semânticos recebidos, ligados à unidade lexical, tem incidentes fora da semântica lexicográfica. Ela encontra uma aplicação na compreensão dos encadeamentos discursivos que põem em jogo raciocínios por *default* (na ausência de indicação contrária, um termo é interpretado de acordo com seu estereótipo). O caso da anáfora associativa é típico. Um encadeamento como: "Nós entramos num vilarejo. A igreja estava fechada", ou então: "Eu mandei consertar minha caneta. A pena estava quebrada", repousa sobre estereótipos associados às palavras "vilarejo" e "caneta", que permitem compreender e aceitar a continuação: "um vilarejo" – "a igreja" (pressupondo a existência e a unicidade da igreja num vilarejo francês) ou: "minha caneta" – "a pena" (Kleiber, em Plantin, 1993 e Kleiber, 1990, p. 111, a respeito do protótipo). A compreensão de um texto repousa, assim, em grande parte sobre as propriedades típicas ou "prototípicas" do léxico, como o reconhecimento de cenários, ou modelos narrativos (ver capítulo "Clichês, estereótipos e literatura").

A SEMÂNTICA DO PROTÓTIPO

Contemporânea dos primeiros trabalhos de Putnam sobre o estereótipo, a semântica do **protótipo** se distingue deles, em primeiro lugar, pela sua origem. Tendo surgido na psicologia cognitiva dos anos 1970 (trabalhos de Rosch), a noção de protótipo diz respeito, em sua origem, aos "processos de categorização no quadro mais geral do estudo das estruturas dos conhecimentos na memória humana" (Dubois e Resche-Rignon, em Patin, 1993, p. 373). Enquanto o protótipo designa, em psicologia, "conceitos e representações mentais" (Kleiber, 1990, p. 16), o modelo foi utilizado pelos linguistas que "viram nele, antes de tudo, uma teoria que permite resolver o problema do sentido lexical. A *semântica do protótipo* se torna, assim, uma teoria sobre o sentido "linguístico", e particularmente sobre o sentido de uma palavra" (Kleiber, 1990, p. 16), e o deslizamento se efetua pelo estabelecimento de equivalência da categoria e da palavra.

O que é um protótipo? Pode-se defini-lo, num primeiro momento, como "o melhor exemplar *comumente* associado a uma categoria"

(Kleiber, 1990, p. 49): é de um certo modo uma subcategoria que representa de maneira exemplar uma categoria. Dir-se-á, por exemplo, que o pardal é o protótipo da categoria "pássaro". Mas o que significa isso? Georges Kleiber ressalta que o protótipo não se identifica com o objeto designado, mas com o conceito ou a imagem mental da subcategoria representada, por exemplo, a do pardal (Kleiber, 1990, p. 62). Dito de outra forma, o protótipo se define como o exemplário que resume as propriedades típicas ou salientes da categoria. Por esse motivo, pode haver vários protótipos para uma mesma categoria: o pardal e a águia dividem as propriedades típicas da ave, como a banana, a maçã ou a laranja, as propriedades da fruta. Essa concepção de protótipo, assim como a teoria do estereótipo, se opõe às definições analíticas clássicas. Ela constitui uma categorização que repousa sobre a tipicidade e a gradação. Diferentemente do modelo das condições necessárias e suficientes, que implica que a definição de uma classe se aplique uniformemente a todos os exemplares dessa classe, a teoria do protótipo não supõe que todos os membros da categoria possuam todos os atributos do protótipo. Eles estão ligados a essa instância central que compreende o maior número de propriedades típicas, por uma "semelhança de família" (noção herdada do filósofo Wittgenstein), numa relação de gradação: isso permite dar conta do fato de que o "pinguim" seja um pássaro, apesar de sua definição não incluir o traço "que pode voar".

Protótipo e estereótipo se assemelham: eles "contêm os dados semânticos mais salientes das categorias conceituais da linguagem natural" (Geeraerts, 1985, p. 29). Mas a teoria do protótipo tem por objeto principal a questão da categorização, a organização das categorias semânticas e diz respeito à psicolinguística. Ela "é uma hipótese sobre a organização do conhecimento no sistema cognitivo individual" (Geeraerts, 1985, p. 30). A teoria do estereótipo se interessa pela organização social da comunicação. "A teoria do estereótipo é uma hipótese sobre a distribuição do conhecimento linguístico numa comunidade linguística" (Geeraerts, 1985, p. 31). "Os estereótipos descrevem as convenções sociais, os protótipos descrevem os princípios psicológicos de economia conceptual, que influenciam a categorização semântica" (Geeraerts, 1985, p. 31). O fato de as teorias dizerem respeito a campos de aplicação diferentes não impede a identificação frequente entre protótipo e estereótipo: "os dois se encontram nos casos-padrão, na medida em que os dados semânticos mais importantes de um ponto de vista social são também aqueles mais importantes na organização cognitiva das categorias" (Kleiber, 1990, p. 69). Em outras palavras, os traços salientes do protótipo de "pardal" correspondem ao seu estereótipo, as duas teorias diferem somente sobre a organização dos traços de sentido (ver Kleiber, 1990, p. 68).

Não se pode deixar de pensar, no entanto, que o léxico escolhido por Putnam tem alcance limitado para o estudo dos estereótipos sociais. Os limões, os tigres, a água ou o molibdênio, exemplos favoritos do professor, não implicam em suas definições questões sociais muito desenvolvidas. O objetivo teórico é outro, e vimos que Putnam restringia intencionalmente o estereótipo a uma acepção descritiva. O ponto de vista é sublinhado por Denis Slakta, que mostra, a partir do verbete "*Drapeau*", do *Petit Robert*, que o estereótipo social não pode ser considerado sob o mesmo plano dos marcadores semântico e sintático. "*Drapeau*" ["Bandeira"] é definido pelo *Petit Robert* como "uma peça de tecido" colorida, associada à noção de pátria ("o respeito, o culto da bandeira", "o símbolo do exército, da pátria", "morrer pela bandeira"). O marcador sintático (substantivo feminino, comum; concreto; contável) e o marcador semântico (objeto fabricado, em tecido, inanimado:/não humano/; /não animal/) não têm de fato o mesmo estatuto que os "estereótipos associados: pátria, respeito, culto; (morrer – essencialmente prescritivo – pela bandeira)". Slakta nos convida a distinguir dois aspectos no caráter obrigatório e normativo do estereótipo: uma vertente descritiva (ser verde, para um limão) mas também uma vertente prescritiva "que muitos linguistas se apressam em esquecer" (morrer pela bandeira) (Slakta, 1994, p. 42-43).

A teoria do estereótipo, de acordo com Putnam, por outro lado, se fundamenta numa representação sociolinguística ideal, a de uma comunidade linguística e social homogênea, cooperante para "estabelecer os meios de uma comunicação ótima e transparente" (Fradin e Marandin, 1979, p. 82), unida pelo reconhecimento de uma norma comum. Bernard Fradin e Jean-Marie Marandin ressaltam que o efeito de "verdade imediata" das frases enciclopédicas associadas ao substantivo, sua aparente universalidade, procede de um apagamento das condições de sua enunciação. O estereótipo funciona como uma evidência sem história, que diz respeito ao pré-construído (ver adiante a análise do discurso e Fradin e Marandin, 1979, p. 82).

Parece igualmente importante ligar a semântica do protótipo à historicidade do discurso, Paul Siblot usou o exemplo da palavra *casbah* (cidadela, bairro) em francês e mostrou a evolução de seu perfil semântico ao longo dos estereótipos discursivos. Emprestada do árabe em 1830, por ocasião da tomada de Argel, *casbah*, na sua primeira acepção, significou, em francês, "cidadela e palácio de um soberano nos países árabes" (Siblot, 1996, p. 115). Argel aparece, então como seu protótipo (no sentido de melhor exemplar real). A topografia da cidade engendra um segundo sentido, o de "parte alta e fortificada da cidade". Enfim, aparece um terceiro sentido, atestado por Maupassant (1888), o de "cidade árabe", que explicita a muito forte "etnicização do termo" (Siblot, 1996, p. 116). O semantismo francês de *casbah* "comporta, pois, um significado de alteridade que não existe em árabe" e que é "característico da prototipicidade da noção em francês. O termo, então, não designa apenas um espaço urbano, mas um *território*: quer dizer, um espaço cuja propriedade foi tomada aqui por um outro, reconhecido, e esse espaço é identificado na sua alteridade, sua 'arabidade'" (Siblot, 1996, p. 117). A língua registra, assim, uma clivagem étnico-social. A descrição estereotipada da cidade árabe como inextricável labirinto, lugar-comum da literatura de viagem, dá suporte ao traço de alteridade, que é um traço essencial do protótipo, negligenciado, no entanto, pelos dicionários. O estudo dos desenvolvimentos discursivos do protótipo parece, pois, indispensável para seguir suas mutações semânticas: a estereotipia discursiva ressalta os traços do protótipo. Ela mostra também que não se pode separar o estudo da língua de suas atualizações discursivas e de sua relação com a sociedade e com a história. Para Siblot, "prototipicidade lexical e estereotipia discursiva aparecem [...] como dois aspectos de uma produtividade significante" (Siblot, 1996, p. 121).

Os *topoi* na pragmática integrada

É igualmente na semântica que emergem os *topoi* de Jean-Claude Anscombre e Oswald Ducrot,[14] mas de uma semântica muito diferente daquelas de que são signatários Putnam ou Kleiber. O recurso a esse termo de origem aristotélica (ver capítulos "História das noções" e "Linguística, retórica e análise do discurso") e sua redefinição em um quadro puramente linguístico ocorrem na teoria dita da **argumentação na língua** (às vezes designada por ANL, ou TAL no Brasil). Para Anscombre e Ducrot, alguns valores argumentativos são apresentados "na estrutura profunda, na significação (Anscombre, 1995, p. 20). Em outras palavras, o componente retórico, a saber, "essa forma de influência que se chama a força argumentativa" (Anscombre e Ducrot, 1983, prefácio) não é acrescentado, ele não é posterior aos componentes sintático e semântico. Ele é, ao contrário, indissoluvelmente ligado à própria significação da palavra, da expressão ou do enunciado. De fato, os valores semânticos não são todos de tipo informativo: eles compreendem indicações argumentativas. "Este hotel é bom" pode ser seguido de "eu o recomendo a você". Não se diz * "este hotel é bom, eu não o recomendo a você", a não ser que se utilize "mas": "este hotel é bom, mas eu não o recomendo a você [ele é muito caro]". "João é inteligente, mas desleixado" comporta as mesmas informações que "João é desleixado, mas inteligente", porém não tem a mesma orientação argumentativa: o primeiro enunciado marca a incapacidade de João para desempenhar uma tarefa, o segundo sua capacidade para conduzi-la bem. A partir daí, "significar, para um enunciado, é orientar" (Anscombre e Ducrot, 1983, prefácio): não "descrever ou informar, mas dirigir o discurso em uma determinada direção" (Anscombre, 1995, p. 30).

É nessa perspectiva que se edifica uma teoria da argumentação na língua que se coloca como uma "**pragmática integrada**", ou seja, uma abordagem na qual não se pode dissociar a pragmática da semântica, na qual o sentido profundo de um enunciado não deve ser separado de sua utilização em contexto – na ocorrência, do seu valor argumentativo.

Nesse sentido, a argumentação é inscrita na língua; ela aparece quando um locutor apresenta um enunciado E1 – por exemplo: "Está fazendo calor, como destinado a *fazer admitir* outro enunciado E2 – por exemplo: "vamos tomar um banho de mar". A ligação conclusiva entre E1 e E2 fica assegurada por uma lei de passagem implícita da ordem de: "um tempo quente é propício para um mergulho". Encontra-se aí o *topos* que constitui a garantia do encadeamento discursivo. Na perspectiva pragmática, os *topoi* se definem como

> princípios gerais que servem de apoio aos raciocínios, mas não são raciocínios. Eles não são jamais fruto de uma asserção, no sentido de que seu locutor não se apresenta jamais como sendo o seu autor (mesmo que ele o seja efetivamente), mas eles são utilizados. Eles são quase sempre apresentados como sendo objeto de um consenso no seio de uma comunidade mais ou menos vasta (mesmo que reduzida a um indivíduo, por exemplo, o locutor). (Anscombre, 1995, p. 39)

Os *topoi* aparecem, então, como as "crenças apresentadas como comuns a determinada coletividade" e que garantem o encadeamento argumentativo (Ducrot e Anscombre, 1995, p. 86). Eles têm um valor geral – supõe-se que o calor é um fator que torna a praia prazerosa em geral, e não apenas nesse caso particular. Além disso, eles são graduais. Esse caráter escalar dos *topoi*, sobre o qual a pragmática insiste bastante, dá origem à noção de **formas tópicas**. Há duas escalas, a do calor e do prazer; elas permitem um *topos* concordante + P, + Q ("quanto mais fizer calor, mais o mergulho será prazeroso"), ou discordante +P, - Q ("quanto mais calor fizer, menos nos sentiremos bem"). Nos exemplos que seguem: "Este filme é um pouco intelectual. Ele deve fazer pouco sucesso" e "Este filme é pouco intelectual. Ele deve fazer pouco sucesso", o primeiro se apoia na forma tópica: + P, - Q ("Quanto mais um filme é intelectual, menos sucesso ele faz"); o segundo se apoia numa forma tópica -P, -Q ("Quanto menos um filme é intelectual, menos sucesso ele faz").

Os *topoi* implicitamente convocados para assegurar o laço conclusivo entre E1 e E2 podem ser contraditórios. Encontrar-se-á da mesma maneira: "Ele a ama. Ele terá confiança nela", em que a forma tópica é: "Quanto mais se ama alguém, mais se confia nesta pessoa" e "Ela a ama. Ele ficará desconfiado", que repousa sobre a forma tópica "Quando mais se ama alguém, mais se é desconfiado e ciumento". Da mesma forma, é possível encontrar encadeamentos baseados em "os parecidos se encontram", enquanto outros se baseiam na ideia de que os opostos se atraem. Toda cultura comporta ideias preconcebidas opostas, que são convocadas conforme as necessidades da causa: "Nossas civilizações não são mais monolíticas que nossas ideologias: é frequente que coexistam um *topos* e seu contrário coexistem" (Anscombre, 1995, p. 39). Aliás, os *topoi* variam de acordo com as culturas. Assim, no hemisfério sul, depois de "Está calor", encontraremos mais "Vamos ficar em casa" do que "Vamos à praia".

O *topos* é, então, relativo a uma cultura e a uma época; enquanto tal, ele constitui um fato sociológico. No entanto, para o pragmático-semanticista, ele só constitui um fato de linguística como encadeamento argumentativo. Nesse ponto, é preciso distinguir entre os *topoi* **intrínsecos** e **extrínsecos**. Os *topoi* intrínsecos são aqueles que servem de base para a significação de uma unidade lexical; os *topoi* extrínsecos são *topoi* acrescentados que têm origem no arcabouço ideológico que possui toda língua em uma dada época. Eles remeteriam, então, de maneira mais marcada à *doxa*, às crenças em curso num determinado meio, na medida em que eles são tomados, não nas potencialidades semânticas da palavra, mas em um princípio exterior que não pode ser deduzido simplesmente da palavra.

Um *topos* intrínseco aparece por exemplo em: "Pedro é rico: ele pode comprar este apartamento", em que o segundo segmento apenas explicita o que está já implicitamente contido na palavra "rico": + POSSUIR, + poder de compra. Nesse sentido, conhecer o sentido de uma palavra é conhecer os *topoi* que são ligados a ela, que são evocados por ocasião de seu emprego. Mais do que o objeto ao qual ela refere, é um leque de *topoi* que definiria a palavra. Assim se explica a impressão de bizarrice que desperta o enunciado, que é, entretanto, admissível: "Este bebê é rico" (contrariamente a "Este velho é rico"). De fato, nesse exemplo proposto por R.-Y. Raccah, "rico" evoca + POSSUIR, + poder de compra, poder para fazer uso de suas riquezas, enfim, poder simplesmente: todas as possibilidades das quais se acha excluído o bebê.

É diferente quando se trata do *topos* extrínseco, em um exemplo como "Pedro é rico: ele não o ajudará.". A forma tópica (+POSSUIR, - DAR) não está na significação de rico. Ela vem da ideia corrente de que os ricos são avarentos, que o dinheiro endurece os corações... Esses *topoi* extrínsecos são, de acordo com Anscombre, emprestados de um reservatório de provérbios, de slogans, de ideias prontas. Sua utilização para servir de base para encadeamentos argumentativos "tem como finalidade a construção de representações ideológicas (Anscombre, 1995, p. 57). "É um artista; ele é difícil de conviver" repousa sobre um lugar-comum que diz respeito ao humor dos artistas, que tem o efeito de reforçar a representação da *doxa* sobre a qual ele se apoia.

Esse recurso à sabedoria das culturas conduz Anscombre a debruçar-se sobre o provérbio, o qual, assim como o *topos*, provém de uma consciência linguística coletiva: o locutor não é autor dele.

O locutor recorre ao provérbio para assegurar seus encadeamentos argumentativos em um conjunto de enunciados *doxais* dos quais ele não é a origem (ou, na terminologia de Ducrot, ele não é o enunciador): não é ele, mas a voz anônima da coletividade que diz que os artistas são difíceis de conviver, que os seres inspirados que evoluem nas esferas da criação se adaptam mal às contingências do cotidiano etc. A voz do "*on*" em francês, a da comunidade linguística e cultural à qual pertence o "eu", fala por meio dele. A argumentação na língua se inscreve, assim, na perspectiva da **polifonia** (Anscombre e Ducrot, 1983, p. 174-179).

Para o analista dos fenômenos de estereotipia, a reflexão da pragmática dita integrada sobre os *topoi* apresenta o interesse de mostrar que as ideias preconcebidas estão inscritas na língua e participam da significação. Elas não são um componente retórico que se acrescentaria ao componente semântico como um suplemento não indispensável. A *doxa* se mostra consubstancial para o sentido dos enunciados. Ao mesmo tempo, a argumentatividade da língua mostra que o locutor que quer dar um ponto de vista, conduzir a uma conclusão não é uma consciência individual pura. Ele é sempre atravessado pelo discurso do Outro, do rumor público que subjaz a seus enunciados.

RETÓRICA E ANÁLISE ARGUMENTATIVA

A pragmática integrada elabora uma teoria da argumentação na língua. Ela se diferencia, assim, de uma disciplina secular, da qual ela toma emprestado o termo *topos* e estuda as estratégias discursivas suscetíveis de trazer adesão: a **retórica**. Para Aristóteles, a retórica é "a faculdade de considerar, para cada questão, o que pode ser próprio para persuadir" (Aristóteles, 1992, p. 82). Ela trata do **discurso argumentativo**, a saber, de uma utilização particular da linguagem, de uma fala com finalidade persuasiva. Ela é constituída de várias partes, das quais as principais são a *inventio*, ou a arte de encontrar os argumentos; a *dispositio*, ou a arte de organizá-los; e o *elocutio*, ou os estudos dos procedimentos estéticos. Sabe-se que a retórica foi inclinada, no decorrer dos séculos, a restringir-se à *elocutio*, sob a forma de tratado de figuras e de tropos, esvaziando a parte que tratava dos *topoi*, a saber, a *inventio*. A tendência de privilegiar a função ornamental em detrimento da visada argumentativa inverteu-se, no entanto, atualmente: na época das mídias e da publicidade, a retórica como arte de persuadir volta a ocupar lugar de honra. Ela deu lugar a vários trabalhos que se filiam, de uma maneira ou de outra, à reflexão pioneira de Chaim Perelman e Lucie Olbrechts-Tyteca (1970): desde 1958, sua *nova retórica* traz de volta ao lugar de honra a argumentação aristotélica, definida como "as técnicas discursivas que permitem provocar ou aumentar a adesão das mentes às teses que se lhes apresentam a seu assentimento" (1970 [1958], p. 5).

O discurso argumentativo se dirige a um público num determinado quadro institucional. Ele se dividia, para Aristóteles, em três categorias: o *deliberativo* (ou discurso político), o *judiciário* (ou discurso jurídico) e o *epidítico* (ou discurso de celebração, como o elogio, o insulto, o discurso de comemoração). São os três domínios essenciais nos quais se exerce a palavra pública: o primeiro para tomar decisões que envolvem o futuro; o segundo para realizar julgamentos sobre fatos passados; o terceiro, frequentemente considerado menos fortemente argumentativo, para reforçar valores que fazer aparecer o bem e o belo.

Foi nesse quadro que se desenvolveu, em primeiro lugar na Antiguidade, uma reflexão sobre o lugar-comum como meio de persuasão. Em nenhum momento nesse quadro, o manejo do já pensado e do já dito é considerado uma atividade desvalorizada ou desvalorizante. E isso não apenas porque a Antiguidade, estranha à consciência moderna da banalidade, vê no acordo sobre os valores uma marca de sua validade, mas também porque, no âmbito da argumentação, o critério de avaliação é a **eficácia** da palavra. Trata-se de assegurar o bom funcionamento do discurso, com o propósito de obter a adesão do auditório no que diz respeito ao bom fundamento das teses, as quais o orador considera importante fazer triunfar. Fiel à tradição retórica, a análise argumentativa contemporânea não reconhece o caráter pejorativo da estereotipia e da *doxa*. Se os estudos literários hoje veem aí, frequentemente, a marca depreciativa do gregário (ver capítulo "Clichês, estereótipos e literatura"), a retórica inspirada em Aristóteles, ao contrário, enxerga nelas um ponto de consenso, um terreno de entendimento. O recurso às opiniões validadas e às evidências partilhadas se impõe, desde que se queira fazer partilhar convicções, desenvolvendo um raciocínio que se apoia sobre o verossímil.

De fato, a argumentação, contrariamente à demonstração científica, intervém em áreas que dizem respeito não à expertise, mas à opinião. Ela é necessária onde não pode se manifestar a certeza do cálculo ou onde não é preciso manifestar a evidência; só se argumenta a respeito de questões abertas à contradição e ao debate. Nesse contexto, abre-se uma lógica não formal, que obedece a regras próprias, e cujas conclusões não são nunca coercitivas, no sentido de que o público não é obrigado a aderir, e elas podem sempre ser postas em causa. Quer ela tenha a ver com a deliberação, quer com o debate, quer com a polêmica, a argumentação se abre assim para um raciocínio submetido a normas de racionalidade, cujo objetivo final é o plausível (e não a certeza). Todavia, o verossímil é uma proposição que "parece verdadeira" ou, nas palavras de Aristóteles, "que se baseia na opinião comum". É nesse contexto que o recurso aos *topoi* da retórica clássica assume todo o sentido.

Quando nos engajamos na questão das funções argumentativas dos lugares retóricos, é preciso ter em mente que esse assunto é tratado por Aristóteles simultaneamente na retórica, que estuda o discurso persuasivo dirigido a um público múltiplo, e nas tópicas, que examinam a dialética ou a discussão com um só interlocutor (ver capítulo "História das noções"). A relação estabelecida por seus numerosos comentaristas entre essas duas obras e essas duas disciplinas e as interpretações da retórica, a qual consiste, ela própria, em notas não definitivas, que remetem a momentos diferentes do pensamento de seu autor, apresentam divergências notáveis. Os princípios de classificação aristotélica dos *topoi*, em particular, permaneceram problemáticos e suscitaram reformulações e redistribuições variadas. Mais do que pesquisar alguma taxonomia utópica unificada, nos fixaremos em um aspecto dos *topoi* que se liga diretamente à questão da estereotipia e da *doxa*. Trata-se da distinção entre os lugares-comuns e os lugares específicos (ver capítulo "História das noções") em sua relação com a argumentação.

Para Aristóteles, lembremos, há lugares que são comuns a todos os gêneros de argumentação e outros que são específicos de um gênero – o deliberativo, o judiciário ou o epidítico. Os primeiros, chamados lugares-comuns (*topoi koinoi*), são esquemas lógicos abstratos, princípios ou regras de argumentação. "O lugar deve [...] ser aquilo sobre o qual se encontra um grande número de arrazoados oratórios a propósito de diferentes assuntos [...]. São métodos de argumentação, de ordem lógica, em primeiro lugar, mas consubstanciais à discursivização" (Moliné, 1992, p. 162). "Os lugares-comuns não são estereótipos plenos, mas, ao contrário, lugares formais" (Barthes, 1970, p. 311; OC III: 580), esquemas primeiros em que se pode converter os raciocínios concretos" (Angenot, 1982, p. 162). Geralmente, concorda-se quanto ao fato de que se encontram, em Aristóteles, três grandes categorias de lugares: o possível e o impossível, o existente e o inexistente, o mais e o menos. Assim: se há o menos, há também o mais. Por exemplo, se o menos provável se produziu, pode-se considerar como plausível que o mais provável possa também se produzir. Esse lugar abstrato subentende um número limitado de proposições concretas entre as quais: 1. "Se ele agrediu de fato seu pai, ele terá certamente também agredido seu vizinho" (Aristóteles, 1991, p. 23); 2. Se ele passou num concurso árduo, ele poderá ter resultado positivo num exame reputado como fácil; 3. Se ele cuidou com devoção de um parente distante, ele cuidará de sua velha mãe etc. Outro lugar-comum, desta vez do possível e do impossível: se é possível que um contrário seja ou tenha sido possível, seu contrário também parecerá possível. Por exemplo, se é possível que um homem obtenha cura, é também possível que ele adoeça.

Vê-se que o lugar-comum não fundamenta a argumentação nos conteúdos das proposições, mas "na relação que é postulada entre os constituintes" (agredir seu pai – agredir seu vizinho, curar-se – adoecer) e "na presença de uma estrutura relacional, cuja proposição é apenas uma das inumeráveis atualizações possíveis" (1, 2 e 3 são as atualizações de um mesmo *topos*) (Angenot, 1982, p. 162). Foi na sequência de um mal-entendido que as tópicas foram, desde a Antiguidade latina, interpretadas como reservatórios de argumentos prontos nos quais o orador deveria se abastecer (ver capítulo "História das noções"). Na realidade, são sobretudo os lugares específicos aristotélicos, ou lugares relativos a um gênero em particular, a um determinado assunto, que desempenham esse papel de repertório. Eis a seguir alguns exemplos.

Tratando do belo que está no coração do epidítico, Aristóteles designa como belas as coisas que alguém realiza para a sua pátria, sem ter preocupação consigo mesmo (1991, p. 131). Ele propõe que "é belo também não se dedicar a nenhuma profissão grosseira, pois é próprio de um homem livre não viver à mercê de outro" (1991, p. 131). Esses lugares específicos, ou ainda especiais, delimitam as opiniões correntes, as "ideias preconcebidas" de uma coletividade, como ilustram bem os exemplos citados: há crenças e valores ligados à noção de pátria ou de liberdade. O caráter dóxico dos lugares específicos funda, para Aristóteles, seu caráter plausível: ele não assinala nem o seu caráter sócio-histórico, nem sua relatividade. Na tradição herdada de Aristóteles, o lugar específico serve de premissa genérica sobre a qual pode apoiar-se o raciocínio. É apenas numa perspectiva contemporânea que se pode considerar que ele é equivalente à opinião preconcebida, "apesar de o conjunto dos *topoi* específicos numa comunidade argumentativa constituir o sistema de hipóteses de plausabilidades desta (Eggs, 1994, p. 33).

Pode-se, pois, distinguir os lugares-comuns que emanam do lógico-discursivo (se há o mais, há também o menos) e lugares específicos que se se aproximam da *doxa* (é belo servir sua pátria de forma desinteressada). Alguns trabalhos contemporâneos mostram, no entanto, que, se o lugar-comum, de acordo com Aristóteles, é um esquema lógico abstrato, suas exemplificações concretas são necessariamente ancoradas em um conjunto de crenças datadas. A partir daí, a aceitabilidade da argumentação não depende apenas da validade do esquema lógico, ou do lugar-comum, que as sustenta, mas também da avaliação do conteúdo das proposições. Assim, o lugar do mais e do menos – o que pertence a alguma coisa que tem mais valor é superior àquilo que pertence a alguma coisa que menos valor – recebe uma formulação mais precisa em: "a virtude e as ações são mais belas quando elas emanam de um autor que, por natureza, tem mais valor". Todavia, o exemplo concreto fornecido por Aristóteles é: as virtudes e as ações de um homem têm mais valor do que as de uma mulher (1991, p. 132). Gilles Declerc observa com razão que, nessa aplicação do lugar de quantidade para o epidítico, "o componente ideológico decorrente da particularização do lugar é tanto mais aparente quanto mais o seu conteúdo se afasta da ideologia ocidental contemporânea" (1992, p. 96). A dimensão ideológica que se configura, então, não é a do lugar-comum – a variante mencionada do lugar do mais e do menos – mas, sim, a dos conteúdos proposicionais que vêm preencher o esquema abstrato.

Ilustraremos essas observações sobre o lugar-comum, o lugar específico e a *doxa* na retórica antiga com um exemplo retirado de um discurso pronunciado por Déroulède, em 1908, no espírito da revanche patriótica do pós-1870. Ele exalta "esta França que um dia, tão loucamente, foi pródiga com seu sangue para a libertação das nações vizinhas e que se mostra enfim pronta para a deixá-lo jorrar utilmente na sua própria liberação". O texto apoia-se no lugar do mais e do menos: aquele que é capaz de fazer o menos é também capaz de fazer o mais, ou: aquele que faz o menos (útil) deve também fazer o mais. Tal é o lugar-comum que subjaz ao enunciado. A concretização está em: a França, que lutou para a liberdade dos outros, deve, com mais razão, lutar pela sua própria liberdade. Ela repousa, não apenas em um esquema lógico, mas também sobre *topoi* específicos: é preciso defender a liberdade com o custo da sua vida, zelar pela proteção dos seus, antes de proteger os outros. Notemos que esses lugares ou opiniões aceitas correspondem ao que geralmente designamos por "ideias preconcebidas", e que frequentemente são expressas de maneira indireta. Para chegar a elas, é preciso inferi-las do discurso argumentativo. Sejam elas tácitas ou explícitas, elas constituem, não obstante, um ponto de acordo (ou de desacordo) que determina a eficácia da palavra argumentativa.

A estereotipia mostra-se, assim, necessária para o bom funcionamento da argumentação: sob formas diversas, ela constitui o embasamento de todo discurso de visada persuasiva. Numa perspectiva contemporânea, no entanto, não basta mais apoiar-se em tópicas aristotélicas. De fato, a análise retórica procura encontrar os elementos doxais constitutivos da argumentação em sua manifestação social e ideológica (ideias preconcebidas, evidências compartilhadas, estereótipos), assim como em sua manifestação linguística, em sua inscrição na língua (*topoi* pragmáticos). Ela atravessa, assim, a pragmática, que direciona a um estudo atento ao contexto sócio-histórico da enunciação.

Essas perspectivas de análise foram abertas pelo trabalho pioneiro de Marc Angenot, *La parole pamphlétaire* (1982), no qual ele mostra como o discurso do panfleto repousa ao mesmo tempo sobre os pressupostos, tais como eles estão inscritos na língua, e sobre uma tópica entendida como "as variantes culturais e históricas próprias de uma dada sociedade" (1982, p. 177), designadas por "máximas ideológicas" ou "ideologemas" (ver capítulo "Clichês, estereótipos e literatura"). Na esteira dessas questões, *L'Argumentation dans le discours* (*A argumentação no discurso*), de Ruth Amossy (2021 [2000]), apoia-se na distinção entre *topos* retórico, *topos* pragmático, lugar-comum, ideia preconcebida e estereotipia, para mostrar como essas noções podem fornecer instrumentos operatórios para uma análise argumentativa dos mais diversos discursos. Encontramos exemplos concretos dessa iniciativa em uma produção coletiva sobre *Topoi, discours, arguments* (Eggs, 2002, p. 11-25) ou no número especial de *Poetics today* dedicado à *doxa* e ao discurso (Amossy e Sternberg, 2002). De sua parte, Jean-Michel Adam e Marc Bonhome (1997) analisam a publicidade no quadro de uma *Rhétorique de l'eloge et de la persuasion*, em que a noção de *doxa* como espaço consensual, mas também a noção de *topoi* elaborada pela pragmática, lhes permite realizar uma análise argumentativa sistemática do discurso publicitário. Essas análises de *corpus* que destacam estratégias argumentativas fundamentadas na exploração da estereotipia em todos os níveis aproximam certas perspectivas de análise do discurso e as invocam, às vezes explicitamente.

ESTEREÓTIPOS E ANÁLISE DO DISCURSO

A primeira escola francesa de análise do discurso

A análise do discurso na França, nascida no fim dos anos de 1960, interessou-se pela estereotipia em primeiro lugar a partir da noção de **pré-construído,** introduzida por Michel Pêcheux, que a define, em referência aos trabalhos de P. Henry, como "aquilo que remete a uma construção anterior, externa, em todo caso independente por oposição ao que é 'construído' pelo enunciado" (Pêcheux, 1975, p. 88-89). O pré-construído responde linguisticamente a formas de encadeamento sintático, como as nominalizações (*l'appel du drapeau**) ou as construções epitéticas (*um luxuoso Jaguar*), que apresentam um elemento "*como se este elemento já se encontrasse ali*", como o efeito de uma predicação anterior. O julgamento "pré-construído" na relação sintática é um elemento precedente ao discurso, não estabelecido pelo sujeito enunciador, não submetido à discussão, cuja origem discursiva foi esquecida. Patrick Sériot estudou, assim, as nominalizações no discurso político soviético (tal

---

* N.T.: "O chamado da bandeira", que, em francês, é a metáfora cristalizada para o alistamento militar.

como "a elevação do bem-estar da classe dos trabalhadores") e mostrou que essas construções têm por efeito apresentar uma asserção como uma constatação de evidência eterna, que diz respeito a um sujeito universal: a objetividade científica aparente mascara uma polêmica de justificação.[15] Isso conduz o autor a redefinir *"língua de madeira"*, cuja especificidade, de acordo com o autor, seria menos a de "afirmar o falso" do que de "afirmar simples *relações* entre objetos pré-construídos". De maneira mais geral, o pré-construído procede de uma concepção do sujeito que não é o sujeito idealista intencional da pragmática linguística, mas um sujeito tomado numa linguagem, na qual o pré-afirmado governa o afirmado. O estereótipo emana, assim, de duas maneiras do pré-construído: no sentido em que este designa um tipo de construção sintática que desencadeia o pré-afirmado e no sentido, mais amplo, em que o pré-construído é compreendido como o traço, o rastro, no enunciado individual, de discursos e julgamentos prévios cuja origem está apagada (Herschberg Pierrot, 1980). Evidência sem história, o estereótipo apresenta, como as frases enciclopédicas do dicionário, esse efeito de "verdade imediata", "que resulta do apagamento do saber no qual elas foram produzidas" (Fradin e Maradin, 1979, p. 82).

Num primeiro tempo, a escola francesa de análise do discurso, que se desenvolveu em torno de Pêcheux, propôs uma série de estudos que deram origem à reflexão sobre a estereotipia. Centradas sobre o discurso político, eles se propunham a revelar a ideologia que a ele subjaz. Para fazer isso, o historiador selecionava um *corpus* fechado – por exemplo, os editoriais do *Père Duchesne* entre 14 de julho e 6 de setembro de 1973 –, ao qual ele aplicava procedimentos de análise oriundos da linguística. Ficou lembrada, entre outras, uma análise do lexema *sans-culotte** estudado estatisticamente em suas coocorrências com outros lexemas, entre os

---

* N.T.: O termo *sans-culotte* designava pejorativamente, no início da Revolução Francesa de 1789, os manifestantes populares, por não trajarem as calças (*culotte*) justas na altura do joelho, típicas dos nobres, mas calças largas de algodão mais grosseiro.

quais, "*pauvres* e seus pares: *pauvre, deguenillé, miserable, malheureux*"*; *ouvriers* e seus pares: "*gens de fatigue, citoyens laborieux, ouvrier* (no sentido de aquele que trabalha)** (Guilhaumou, Maldidier, Prot, Robin, 1973: 91). Um segundo conjunto lexical é composto de termos com ressonância política: *bons cidadãos*, ou ainda *republicanos, patriotas, amigos da liberdade*. Ele remete ao povo e aos jacobinos. O analista do discurso examina igualmente uma rede verbal que define o campo nocional dos *sans-culottes*, como: *fazer a revolução, agir contra as forças opositoras* etc. O estudo lexical, que assinala co-ocorrências e leva em conta frequências, permite assim extrair a imagem que *Le Père Duchesne* constrói do *sans-culotte*. Essa imagem é, em seguida, confrontada com a representação dos *sans-culottes*, que propõem os *montagnards**** e, mais particularmente, Robespierre e Saint-Just. Pode-se considerar que a análise lexical permite destacar um estereótipo do discurso da Revolução Francesa (um tema e seus atributos obrigatórios) para avaliar a partir deles as questões ideológicas, mesmo que a noção de estereótipo não esteja entre aquelas que o analista do discurso utiliza nessa época.

No mesmo volume de *Langages et idéologies* (1973), encontra-se um trabalho de Antoine Prost, que se propõe a elucidar a "atitude quase inconsciente" dos antigos combatentes de 1914-1918 em relação aos políticos. Um *corpus* restrito de enunciados nos quais aparecem os termos *politique, civique, partisan, politicien***** é levantado na imprensa dos antigos combatentes no período entre guerras. Os atributos recorrentes de "*politicien*" (termo em si pejorativo, por oposição a "homem político") estão presentes nesse *corpus*: *retors, malhonnête, égoïste, ambitieux, intéressé,*

---

*   N.T.: Uma tradução para o português dos lexemas próximos de *pauvres* (*pobres*) poderia ser: *pobre, esfarrapado, miserável, infeliz*.
** N.T.: Uma tradução para o português dos lexemas próximos de *ouvriers* (*trabalhadores*): *povo de resistência, cidadãos trabalhadores, trabalhador*.
*** N.T.: Grupo de revolucionários mais radicais da Revolução Francesa de 1789, que se opunham aos girondinos.
**** N.T.: Uma tradução para o português destes termos poderia ser: *política, cívico, partido, partidário, político* (em um sentido próximo do pejorativo *politiqueiro*).

décrépit, exploiteur.* Os antigos combatentes, situando-se fora e acima do mundo dos políticos, vangloriam-se de uma superioridade moral: eles permanecem fiéis à experiência da fraternidade das trincheiras e à consciência de uma solidariedade nacional. Prost interpreta essa dupla representação do político e do antigo combatente como a condenação de uma situação política que mantém as classes médias distantes do poder. Se Prost utiliza sobretudo o vocabulário da mitologia política, Régine Robin, de sua parte, fala expressamente de estereotipia republicana em sua análise dos manuais de história da III República. Ela mostra em sua análise a associação da República, da Pátria, do Progresso e da Revolução Francesa. A importância da estereotipia nessas obras do ensino primário explicaria o impacto da simbólica república traduzida "em algumas figuras ou imagens cristalizadas", e seu papel na mobilização patriótica dos operários em 1914 (Robin, 1981).

Em síntese, "o fato de colocar em evidência, em *corpus* situados, conjuntos lexicais" (Guilhaumou, Maldidier e Robin, 1994, p. 200) vai parecer insatisfatório para os analistas do discurso. Construindo um *corpus* fechado (os editoriais do *Père Duchesne*, um número finito de enunciados levantados na imprensa dos antigos combatentes...), eles descartam, de fato, a maior parte do arquivo. Mesmo que eles levem em consideração esses documentosde arquivos, incluindo-os em condições de produção de texto, nãos os integram na análise propriamente dita. Por esse motivo, os trabalhos posteriores da análise do discurso histórico não vão contentar-se em trabalhar com séries textuais impressas e já repertoriadas pelos historiadores. Elas tentarão levar em conta a diversidade do arquivo. Assim, Jacques Guilhaumou, em seus trabalhos sobre a Revolução Francesa, escolhe trabalhar com a associação "pão e x" no discurso revolucionário, tal como ela aparece nas fontes impressas: jornais, panfletos, livros, cartazes etc., mas também fontes manuscritas: processos

---

* N.T.: Uma tradução para o português destes termos poderia ser: *desleal, desonesto, egoísta, ambicioso, interesseiro, decrépito, explorador.*

verbais de assembleias, correspondências, requerimentos e petições, interrogatórios policiais etc. Guilhaumou explora inicialmente uma temática que associa em formulações diversas o tema do pão ao da liberdade (que marca a hostilidade dos patriotas à única reivindicação de subsistências). Essa recorrência temática se cristaliza na expressão *du pain et la liberté* (*pão e liberdade*), que coexiste a partir de 1793 com outra associação cristalizada: *du pain et du fer* (*pão e ferro*). O analista do discurso junta assim ao exame do arquivo, no qual a associação permanece temática, a análise linguística de uma expressão cristalizada num *corpus* definido. Esse movimento se entende como interpretativo. Ele destaca o sentido de um trajeto discursivo que conduz à liberdade como princípio a conquistar, à liberdade como direito a ser mantido quando ela adquire "um valor de pré-construído, de já posto, colocado no horizonte da palavra de ordem ["*du pain et du fer*"]" (Guilhaumon, 1994, p. 104).

A análise do discurso contemporânea: as noções de pré-discurso, de *ethos* e de fórmula

Atualmente, a extensão da noção de análise do discurso ultrapassa muito a abordagem aqui exposta da primeira escola francesa tal como pôde se constituir no seu início. Destacamos, todavia, um prolongamento direto: trata-se da noção de **pré-discurso,** desenvolvida por Marie-Anne Paveau, que se inscreve na linha dos trabalhos de P. Henry e M. Pêcheux sobre o **pré-construído**, ao qual ela acrescenta uma dimensão sociocognitiva (Paveau, 2006, 2017). A autora define os pré-discursos "como um *conjunto de quadros pré-discursivos coletivos que têm um papel instrucional para a produção e interpretação do sentido em discurso.* Compreendo por pré-discurso conteúdos semânticos (no sentido amplo de cultural, ideológico, enciclopédico), ou seja, saberes, crenças e práticas, e não unicamente formas" (Paveau, 2017, Prefácio, § 2). Nessa perspectiva, os estereótipos e clichês não são pensados como o objeto específico da análise, mas como sinais, entre outros, desses pré-discursos, que constituem "os quadros de saber e de crença anteriores à produção do discurso, mas construídos e/ou assinalados por eles" (*ibid.*, cap. 2, § 79). Os clichês participam de um efeito de lembrança e da construção de uma memória discursiva e de um mundo de normas, de saberes e de crenças compartilhadas.

De maneira geral, a análise do discurso atualmente desenvolvida na França preocupa-se em descrever e esclarecer funcionamentos discursivos no cruzamento entre o verbal e o social, para extrair deles procedimentos e objetivos. Ela examina, para tanto, os textos em sua situação de enunciação e seus quadros genéricos próprios. Dessa perspectiva, ela concede um lugar preponderante à noção de interdiscurso, isto é, à relação que liga indissoluvelmente um discurso em situação ao conjunto do que se diz e se escreve em seus entornos. A enunciação, destaca Maingueneau (1997, p. 26), "é totalmente atravessada pelas múltiplas formas de lembrança das palavras já sustentadas ou virtuais". Nessa circulação dos discursos, o locutor retoma por sua conta, conscientemente ou não, o já dito e o já pensado que ele reconduz ou, ao contrário, contradiz, modifica, retrabalha. As **cristalizações** – e as descristalizações – formais e temáticas são assim estudadas na trama interdiscursiva para cuja produção de sentido elas contribuem; elas são examinadas nas funções sociais e políticas que desempenham em uma dada época. Tocamos aqui na noção de "discurso social" mencionada anteriormente.

Além do mais, para Maingueneau, todo discurso se inscreve num dispositivo genérico que lhe impõe uma distribuição antecipada dos papéis e no seio do qual o locutor mobiliza uma cenografia que ele toma emprestada de um repertório cultural – assim, o presidente, numa fala televisiva, pode se colocar como uma figura paterna que se dirige a seus filhos, uma candidata à presidência pode se colocar como uma mãe preocupada com o bem-estar de todos os filhos da França etc. Através das noções de interdiscurso, de cena genérica ou de cenografia, a análise do discurso concede à estereotipia, sem nunca o designar explicitamente, um lugar de escolha.

Mencionaremos aqui duas dimensões privilegiadas pela análise do discurso, dita à francesa, que tratam expressamente dos fenômenos de estereotipia: a questão do *ethos* (ligada à cenografia), que remete ao estereótipo, e a noção de fórmula, que se aproxima do clichê e das expressões prontas.

Os trabalhos abundantes que tratam do **ethos** situam a retomada das imagens preexistentes e das representações sociais numa perspectiva enunciativa: trata-se da imagem de si que o locutor ou a locutora constrói no seu discurso, deliberadamente ou não, para gerir uma interação verbal ou para favorecer o sucesso de um empreendimento de persuasão. A noção de *ethos*, emprestada da retórica clássica, situa os trabalhos sobre o estereótipo na confluência com a argumentação retórica, mencionada anteriormente, e com as ciências da linguagem. Ela é atualmente mobilizada para o estudo dos mais diversos tipos de discursos, do discurso político, midiático ou publicitário ao discurso literário ou científico. De fato, toda tomada de palavra desencadeia uma forma de se dizer, ou de se mostrar, a seu público (plural ou único), quaisquer que sejam o gênero discursivo ou a situação de comunicação considerados; e esta imagem de si se molda necessariamente, em parte ou na totalidade, em modelos sociais preexistentes. É por isso que Amossy (2010) dedica o capítulo 2 de *La présentation de soi* à questão dos modelos culturais e da estereotipagem. Os analistas do discurso estudam assim as modalidades discursivas de uma construção de *ethos* baseadas nos modelos pré-fabricados fornecidos pela cultura ambiente, o domínio profissional no qual o locutor age e interage, o grupo social do qual ele participa etc. Eles examinam também a maneira como os locutores tentam desmanchar as representações sociais que lhes são desfavoráveis e que arriscam atrapalhar seu projeto.

Numa outra perspectiva, é preciso destacar o sucesso da noção de **fórmula**, desenvolvida por Alice Krieg-Planque a partir de um trabalho de fundo sobre "a purificação étnica" (2003). Emprestada do trabalho de Jean-Pierre Faye sobre a fórmula "Estado total" no III Reich (1972) e dos trabalhos de Marianne Ebel e Pierre Fiala sobre as linguagens xenofóbicas (Krieg-Planque, 2009, p. 53-61), a "fórmula" tem um caráter cristalizado que a torna facilmente identificável, uma concisão que lhe permite circular, tornando-se parte integrante de uma argumentação, e uma flutuação semântica que a torna polissêmica e, por isso, ao mesmo tempo facilmente apropriável e sujeita a interpretações divergentes, que geram polêmica. Acontece assim em "fratura social", "exclusão", ou "imigração escolhida" (Brillant, 2011). A fórmula é sempre portadora de objetivos sociopolíticos: "ela põe em jogo alguma coisa de grave" (Krieg-Planque, 2009, p. 103). É nisso, e no fato de que ela é objeto de uma publicização, em grande parte assegurada pelas mídias, suscitando polêmicas violentas no lugar público, que ela se distingue do simples clichê, com o qual ela divide o caráter de cristalização linguística com valor de *doxa*.

A análise do discurso midiático e político

A análise da imprensa contemporânea se esforça também para destacar, a partir de vastos *corpora*, algumas representações coletivas que emanam de um imaginário de época, para compreender suas funções, sua visada, seu escopo. Aí também se encontram, ao mesmo tempo, estudos que recorrem a uma análise do discurso ancorada no estudo das frequências lexicais, das situações de enunciação, em suma, ancoragens linguísticas do discurso, e trabalhos que atribuem uma atenção mais sutil relativamente aos mecanismos linguageiros como tais, mas exploram, todavia, o que se constrói e se difunde em discurso.

Na primeira categoria, é preciso mencionar a obra de Sophie Moirand sobre *Les discours de la presse quotidienne* (2007), que enriquece a reflexão sobre a estereotipia, mostrando como algumas maneiras de dizer se cristalizam em expressões rígidas, fórmulas que se tornam, como ela chama, *palavras-evento* (elas passam a designar o evento, como o *11 de setembro* ou a *vaca louca*). Essas fórmulas são portadoras de representações que contribuem para formar uma memória coletiva: "Essa utilização incessante de discursos outros, cuja origem não é sempre apreendida, contribui para construir uma memória coletiva que repousa em palavras ou formulações que viajam de um locutor a outro" (2007, p. 138). Moirand dá aqui o exemplo da "velha Europa", expressão clichê utilizada pelos jornalistas por ocasião da guerra contra o Iraque. A análise do discurso de imprensa explora nessa perspectiva a relação que se estabelece entre as expressões que se cristalizam na circulação dos discursos, dos jogos dialógicos (no sentido de Bakhtin) nos quais eles foram tomados (não sem situá-los numa perspectiva argumentativa) e a noção de memória coletiva, em parte herdada de Maurice Halbwachs, como construção de saberes comuns a um grupo social.

Essa primeira categoria abarca também trabalhos que utilizam a noção de estereótipo como ferramenta de análise. Ela está bem ilustrada pelo artigo de Jean-Paul Honoré na revista *Mots* (1994). O autor se questiona sobre a lógica interna do sistema de representações do Japão, que se estabelece na imprensa francesa contemporânea (1980-1993). Nessa análise, ele utiliza expressamente a noção de estereótipo para mostrar que duas constelações lexicais simultâneas, uma positiva e outra negativa, dialogam simetricamente. De um lado, encontra-se: energia, harmonia, espiritualidade, honra, leveza, estética, tradição e, no entanto, inovação; do outro, violência, conformismo, esoterismo, alienação, duplicidade, frivolidade, arcaísmo e desculturação. Duas representações simetricamente opostas coexistem, então, graças a uma lógica que o analista se esforça em demonstrar (elas são imputadas ao caráter paradoxal do Japão). Em seguida, ele tenta interpretar essa complementaridade inesperada dos estereótipos nipófilo e nipófobo mostrando que eles preenchem, na realidade, a mesma função: a de conjurar a obsessão do poderio japonês, que transforma o discurso contemporâneo da imprensa francesa em dispositivo de fechamento em relação ao Outro.

Outros estudos abordam os estereótipos de maneira mais global e menos precisa, procurando frequentemente fazer com eles uma denúncia que lembra as desmitificações das "vidas" de heróis de *Paris-Match* efetuadas pelo grupo Mu no início dos anos de 1970:[16] essas narrativas de vida aparecem sob a forma de figuras "fortemente estereotipadas, destinadas que são a confirmar o leitor de *Paris-Match* no pensamento que através dele se pensa" (*Communications*, 1970). As vidas singulares particularizam de fato o mesmo percurso: elas mostram intenções direcionadas a um objetivo preciso, de ser o primeiro, a partir da narrativa da vocação (jovem, ele já era o que se tornou) ou da convocação (uma intervenção milagrosa o revela a si próprio); em seguida, é a ascensão em direção ao triunfo com golpes de repetições analógicas. Outros se debruçaram sobre a maneira como a exploração de estereótipos permite que *Paris-Match* ofereça uma "informação-espetáculo", que visa ao *pathos* pelo uso de "imagens e clichês emocionantes". Um evento – a morte do rei Baudouin da Bélgica – foi apresentada a partir de uma série de estereótipos medievais: "sucessão, influências de mulheres, rumor de beatificação, ameaças de conflitos territoriais, casos amorosos e até mesmo, como na época dos Templários, maldição proferida por uma mendiga" (Lits, 1993, p. 100) Se *Paris-Match* se alimenta de romances históricos medievais, é porque isso responde a uma expectativa do público que pesquisa "menos sobre informações precisas do que a sedução do espetáculo e os estereótipos da ficção". Não é preciso dizer que esses empreendimentos analíticos podem abordar tanto as revistas e a imprensa sensacionalista, que é atualmente objeto de uma atenção particular, quanto os grandes jornais, a televisão, ou, mais recentemente, a internet. Encontram-se exemplos muito diversos no volume "Média(tisa)tions" da obra coletiva de Boyer (2007), sobre *Stéréotipage, Stéréotypes*, e em um número importante de artigos que abordam a imprensa (levando em conta gêneros menores como as variedades, a necrologia ...), assim como a televisão ou as redes sociais (entre as quais Facebook e Twitter).

Um lugar privilegiado parece reservado aos estereótipos de gênero em todos os trabalhos que investigam sobre a maneira como a feminilidade e também a masculinidade são representadas nas mídias de qualquer país em diferentes áreas: a moda, a publicidade, a política, o esporte etc. Esses trabalhos comportam, além de sua visada científica, uma parte de mobilização para a defesa de uma causa: eles perseguem e denunciam a *doxa* e os preconceitos veiculados pelas mídias que formam a opinião pública. Investigações como essas não são apenas tema de trabalhos científicos; elas estão também no centro de uma iniciativa como a do Conselho Superior do Audiovisual, que publicou, em 2014, um relatório sobre os estereótipos femininos na televisão, no qual se vê, entre outros, que as séries televisivas veiculam imagens estereotipadas da mulher, mais ocupada com tarefas domésticas que os homens, mais emotiva etc.

A análise do discurso político se dedica também ao estudo da estereotipia e de suas funções em contextos variáveis. Estuda, entre outros, a construção de um *ethos* consoante homem ou mulher políticos, o uso que o discurso dos políticos faz das fórmulas (no sentido de Krieg-Planque), o papel que desempenham os estereótipos e a fraseologia em particular no estabelecimento e na transmissão de uma doutrina ou de uma ideologia, as estratégias argumentativas que manejam as cristalizações de todos os tipos para realizar dado objetivo. Os analistas do discurso examinam, assim, através da descrição dos funcionamentos discursivos e argumentativos, os objetivos da palavra política em situação. Assim, por exemplo, Détrie e Perroux (2014) analisam, nos discursos de Dakar pronunciados, respectivamente, pelos presidentes Nicolas Sarkozy (2007) e François Hollande (2012), os "processos de estereotipia e de categorização gerados pela confrontação com a alteridade africana" (2014, p. 1977). Por meio de uma análise fina da construção dos estereótipos e dos contraestereótipos que manifestam uma relação com o outro (com uma África "fantasiada no imaginário") e a si próprio, os autores mostram ao mesmo tempo a diferença entre a elocução dos dois chefes de Estado, e seus pontos comuns – os quais convergem em última instância para elaborar, através do jogo dos estereótipos, "uma representação valorizante das ações empreendidas pelo grupo dominante" (p. 1989).

Guylaine Martel, em *Incarner la politique* (2018), debruça-se sobre casos de políticos quebequenses. Quando eles constroem seu *ethos* em confrontos televisivos, mas também em emissões de info-divertimento, eles devem manter um equilíbrio delicado entre os modelos estereotipados ligados ao papel que se propõem a encarnar e a necessidade de distinguir-se dos demais. Uma distância muito grande relativamente ao modelo esperado corre o risco de provocar interferências na comunicação (p. 66). Martel descreve assim o típico *ethos* de líder, as versões dele que Quebec produziu nos anos 2000. Estuda igualmente a maneira como os diferentes atores retomaram e modularam esses modelos estabelecidos no seio de uma cultura da celebridade, mas também cujas representações sociais evoluíram. Fazendo isso, ela observa que "o modelo anteriormente concebido para os homens coloca as mulheres em desvantagem, porque ele entra em concorrência com estereótipos muito fortemente ancorados no imaginário social" (p. 57). A autora examina a maneira como as políticas quebequenses Pauline Marois ou Valérie Pante trabalham a renegociação e a adaptação dessas imagens prontas para legitimar-se na cena política. É numa perspectiva semelhante que Simone Bonnafous (2003, p. 134-139) detecta no *ethos* discursivo de quatro ministras francesas pertencentes a partidos diferentes – Martine Aubry, Élisabeth Guigou, Marie-George Buffet, Dominique Voynet –, um mesmo modelo que ela denuncia como "pragmático enfático". Ele consiste na recusa do maniqueísmo e no sentido das nuances; na expressão muito concreta ancorada na "vida verdadeira"; num uso limitado da agressividade; na manifestação da benevolência e da solidariedade. Essas características constroem uma imagem que corresponde ao que numerosos trabalhos qualificaram de *palavra feminina* e permitem que mulheres políticas vindas de horizontes muito diferentes projetem um *ethos* homogêneo fiel a um modelo positivo, ancorado em estereótipos de época – uma representação de si que visa a lhes assegurar, como mulheres, um espaço no campo político.

Um outro campo de análise do discurso político é o da estereotipia estudada na sua relação com o interdiscurso, e cujo potencial argumentativo é avaliado em uma situação particular. Assim, Pierre-André Taguieff mostra como o discurso negacionista (dito "revisionista"), que nega a existência de câmaras de gás nos campos de concentração nazistas, retoma unilateralmente a estereotipia antissemita do judeu todo-poderoso no mundo financeiro, jornalístico e político. A partir de uma citação de Faurisson, ele indica a filiação ao discurso revisionista das posições antissemitas dos anos de 1930, exemplificadas por Céline (*Bagatelles pour un massacre*), e das posições antissionistas contemporâneas. "Os judeus onipotentes de 1936 tornaram-se os 'sionistas', e é, a partir de então, a Terceira Guerra mundial que os revisionistas querem conjurar" (1989, p. 17). Esses mesmos estereótipos se encontram no discurso do *Front* nacional, que denuncia o "Judeu dominador, quer ele assuma a imagem do judeu de Estado (hoje: S. Veil, L. Fabius, R. Badinter etc.), ou a do judeu da mídia (Y. Levaï, A. Sinclair, J-F. Kahn, J-P.Elkabbach etc.)" (1989, p. 43). Essas figuras estereotipadas são exploradas por um discurso nacionalista polêmico que assimila a identidade francesa à identidade nacional cristã com a exclusão de todo elemento estrangeiro perturbador.

Os elementos de estereotipia discursiva podem mudar de função, quando eles consolidam um discurso de propaganda que repete incansavelmente ao público aquilo que se presume que ele saiba de cor, por ter ouvido inúmeras vezes. Nessa perspectiva, Marc Agenot, analista do discurso e historiador das ideias, propõe um exame aprofundado da propaganda socialista e de sua **fraseologia** entre 1889 e 1914. De acordo com ele, o movimento operário "cultivou muito cedo o sintagma cristalizado, os automatismos que criavam para os militantes uma feliz cumplicidade fraseológica" (1997, p. 257). A estereotipia não serviu apenas de terreno para a comunhão, ela contribuiu também para construir uma contra-linguagem que apagava os embaraços da linguagem corrente falada pelos operários. Angenot vê aí um "acesso linguageiro à identidade coletiva".

Estudando a discursivização estereotipada da bandeira vermelha, ele destaca expressões cristalizadas como: "juntar-se em torno da bandeira ou sob as dobras da bandeira", para unir-se; "levantar a bandeira da Revolução, segurar alto e firme a bandeira das reivindicações sociais", para agir, reivindicar; "a junção das forças que permanecem fiéis à bandeira", para a união dos verdadeiros socialistas. Nessa estereotipia, cuja análise sublinha o valor de fascinação e de mobilização sem condená-la, encontra-se em germinação o que se chama atualmente o lado negativo da "língua de madeira" estudada no fim deste capítulo.

Estereotipia e representações nos trabalhos de história

Em fim de percurso, mencionaremos a maneira como os historiadores se apropriaram da noção de estereótipo e fizeram dela um instrumento de análise nas suas tentativas de descrever e explicar diversos momentos do passado, a partir de arquivos largamente (mas não exclusivamente) textuais. Esse interesse parece ter se manifestado principalmente sob a influência da história cultural (Rioux e Sirinelli, 1997), que acentuou as representações que uma cultura datada elaborava e transmitia do mundo. A importância atribuída às representações culturais é indissociável da atenção dada aos modos de dizer e de fazer nos quais estas tomam corpo. É nesse quadro que está mobilizada a noção de estereótipo, que aparece numa entrada do *Dictionnaire de l'historien* (2013, p. 664), sob a pena de François Sirinelli.

Nessa esteira, alguns historiadores se pronunciam "por um uso do estereótipo em história" (Edron *et al.*, 2018). Macel Grandière (2000), que se filia a trabalhos realizados em literatura e em ciências da linguagem mais do que em ciências sociais, via já nos estereótipos modelos construídos para imaginar e organizar a realidade e perceber o Outro, modelos que informam por essa via a respeito do sujeito que se entrega a essa estereotipia. Insistindo (contrariamente à psicologia social) sobre a plasticidade e a capacidade de evolução do estereótipo, Grandière o apresenta como uma ferramenta nocional para o historiador. Na sua esteira, mas também na de Van Ypersele e Klein, que sublinham o caráter, segundo eles, incontornável da noção (2016, p. 18), Edron e seus coautores pedem que um lugar lhe seja concedido na investigação histórica. De acordo com Jean-Charles Geslot, esta investigação busca o objetivo "de compreender em quais condições sociais ele [o estereótipo] se estabelece, por quais razões, por quais procedimentos, com quais intenções, graças a quais atores, e estudar os suportes e formas de sua expressão, em seguida, sua difusão, atribuindo um interesse particular na sua recepção, em suas evoluções e em suas recomposições, no seu declínio e na sua morte igualmente" (2018, p. 163). O essencial não é, pois, medir o grau de veracidade dessas representações convencionadas, mas ver como elas esclarecem os grupos que se alimentam dela e compreender, assim, seu sistema de pensamento. Através da imagem mais ou menos deformada que a instância de locução projeta do outro, o historiador examina o jogo especular no qual ela oferece uma imagem coletiva de si.

Assim, para os historiadores, o estereótipo, que se referencia no arquivo graças a seu caráter sistemático e serial, "não é nunca inocente ou gratuito. Ele alimenta um discurso, um pensamento, uma ideologia, uma representação" (2018, p. 100). Eles insistem no fato de que pesquisam não um estereótipo reconhecido e revelado como tal pelos homens do passado (caso em que ele perde influência sobre eles), mas, ao contrário, pesquisam aquele que é admitido como uma realidade e é confundido com ela. Trata-se de ver como esses estereótipos foram construídos para serem admitidos como uma verdade, como um instrumento de conhecimento que permite aos homens de uma época ler o real entorno. Deixemos claro que os historiadores não levam em conta a historicidade das noções de clichês e de estereótipo, e do fato de que elas não existiam no passado investigado. Eles se apropriam delas como uma ferramenta que permite compreender a gênese dos estereótipos do passado, as formas de que eles se revestiram e as funções que eles assumiram em contextos sócio-históricos precisos. Isso lhes permite evidenciar a função cognitiva e ideológica dos estereótipos em diversos casos de estudo, como a imagem da mulher espartana, atlética e erótica, num contexto da rivalidade entre Atenas e Esparta, no tempo da Guerra do Peloponeso, o estereótipo do "*collabo*",* na Liberação, e muitos outros ainda.

LÍNGUAS DE MADEIRA

Os estereótipos são, de fato, com frequência, associados à "*língua de madeira*". O que se entende exatamente por essa expressão?

Parece que a expressão apareceu massivamente na imprensa francesa no início dos anos 1980, vinda da Polônia, como uma tradução da expressão *Dretwa mowa*, cópia do russo *derevjannyii jazyk*, frequentemente assimilada ao *Newspeak* do *1984*, de Orwell, e a sua cópia de *Nowomowa* (C. Pineira e M. Tunier, *Mots*, 21, 1989, p. 6; e M. Oustinoff, *Hermès*, 58, 2010, p. 16). A hipótese de que ela veio do polonês a associa às discussões inspiradas pelo sindicato Solidarnosc, nas universidades de Varsóvia e da Cracóvia, num contexto que visava ao "regime soviético tomado por alvo como regime totalitário que estendia sua dominação sobre a Polônia do General Wojciech Jaruzelski" (M. Oustinoff, *ibid.*). A expressão é então associada, na França, à linguagem política, fazendo referência à Polônia, mas também à URSS, ao bolchevismo, às democracias populares e ao PCF (Partido Comunista Francês) (*Mots*, 1989, p. 9). O dicionário *Petit Larousse* de 1982 a define, assim, como a "fraseologia estereotipada utilizada por certos partidos comunistas e pelas mídias de diversos Estados onde estão no poder" (*ibid.*, p. 13). Mas a expressão assume rapidamente uma extensão mais ampla para designar "toda maneira rígida de se exprimir que usa estereótipos e fórmulas cristalizadas" (*Grand Dictionnaire encyclopédique Larousse*, de 1984) (*Mots*, 1989, p. 9).

É por isso que, mais do que o singular, convém utilizar o plural "*línguas de madeira*". As "*línguas de madeira*, que impregnam a linguagem cotidiana, dizem respeito também aos discursos políticos da democracia,

---

* N.T.: Esse termo designa aquele que colabora com o movimento opositor.

da comunicação, da imprensa e das mídias, do marketing e da publicidade. Elas incluem as formas eufemísticas do "politicamente correto" (*Hermès*, 2010, p. 111-112). Essa extensão de sentido em francês, como em outras línguas, tem como consequência paradoxal que, em numerosos contextos, o estilo não pode ser traduzido pela expressão russa ou polonesa da qual ela é a cópia (*Hermès*, 2010, p. 16), e que permanece ligada à novidade do sistema soviético (F. Thon, 1987). Se o termo é recente, a prática da *língua de madeira* remonta à Antiguidade. "Cada época, cada cultura produz suas *línguas de madeira*" (H. Meschonnic, *Le Labrador*, 1996, p. 131). O livro de Christian Delporte, *Une histoire de langue de bois* (2009), propõe um rico percurso de seus usos, do discurso político da Revolução francesa até nossos dias, dos regimes totalitários e ditatoriais à comunicação política em regime democrático.

Como definir esse objeto histórico e plural que é a "*língua de madeira*"? Constituída de unidades fraseológicas, ela não se confunde com o uso único dos estereótipos e das ideias preconcebidas ou dos eufemismos. Um acordo se faz para caracterizá-la como uma linguagem de poder, ligada à intenção de impor uma visão de mundo: "A *língua de madeira* é uma tentativa de formatar o real, conforme uma visão que se sabe pertinentemente enviesada, mas que se espera que o outro vá aceitar" (D. Wolton, *Hermès*, 2010, p. 159). "Convencionado, pré-fabricado, desconectado da realidade, o discurso da *língua de madeira* reconstrói o real, mobilizando e repetindo incansavelmente as mesmas palavras e fórmulas estereotipadas, os mesmos lugares-comuns, os mesmos termos abstratos" (Delporte, 2009, p. 10). Um dos antônimos da *língua de madeira* é o "falar verdadeiro", que é muito frequentemente apenas uma outra forma de *língua de madeira*. No discurso político recente, o "falar cash", como nomeia T. Legrand (*Hermès*, 2010, p. 152-153), pretende substituir a fraseologia política por um falar franco, simples, próximo da linguagem do cotidiano, em realidade, simplificador. Não é a linguagem transparente que escaparia do efeito da *língua de madeira*. P. Fiala e B. Habert sublinham, no entanto, a maneira como os ditados populares e as descristalizações nos títulos midiáticos permitem jogar fórmulas da linguagem política (*Mots*, 1989).

Pejorativamente, a *língua de madeira* é sempre tomada num contexto negativo, e é sempre nomeada como o discurso do outro. Denunciada como uma ferramenta ideológica que pretende impor "o sentido único de uma verdade" (H. Meschonnic), como uma arma polêmica que permite evitar a discussão, ela se deixa apreender como uma retórica, caracterizável por alguns traços caricaturais, que nos remetem à sua leitura crítica. "A madeira (*bois*) não está na língua, mas no uso denunciado que se faz dela" (*Mots*, 1989, p. 18). A *língua de madeira* somente existiria através do ponto de vista de seus receptores? (*Hermès*, 2010, p. 12). É precisamente o ponto de vista do "sentimento retórico comum", mais frequentemente pejorativo, que interessa à linguista A. Krieg-Planque ("*Langue de bois*", 2017). Interrogando-se sobre o emprego da palavra "língua", ela confirma que a "*língua de madeira*", que designa uma grande diversidade de enunciados, mas sempre situados em contextos, e destinados a públicos específicos, diz respeito à análise do discurso. Ela mostra também que esses elementos de fraseologia, decodificados pelos historiadores e pelos linguistas, e ridicularizados nos esquetes humoristas, formam atualmente o material gerador de enunciados que circulam na internet, sob a forma de correntes paródicas de "*língua de madeira*" ou de geradores informatizados de "*língua de madeira*", com a participação dos internautas.

CONCLUSÃO

Neste percurso pelas ciências sociais, pelos estudos literários e pelas ciências da linguagem, as noções elaboradas aparecem com frequência como ruptura em relação ao uso corrente. Na linguagem do cotidiano, nunca se distingue o lugar-comum do estereótipo e do clichê. Em sua acepção relativamente vaga, os termos permanecem sinônimos, sem que, por essa razão, se impeça a comunicação.

Isso não acontece nas ciências humanas, em que as disciplinas precisam construir seu objeto. Elas só retomam os conceitos da linguagem corrente para redefini-los no seu quadro teórico próprio. É assim que as ciências sociais estudam o estereótipo em termos de representação e de crenças coletivas. Os estudos literários, de sua parte, levam em conta a dimensão estética tanto quanto a social das figuras e dos esquemas cristalizados. Quanto às ciências da linguagem, elas fazem dos estereótipos e dos *topoi* elementos de construção de sentido. A retórica e a análise do discurso, de sua parte, vêm na estereotipia os esquemas implícitos ou as evidências compartilhadas que sustentam uma palavra situada.

Assim como cada disciplina teoriza de forma diferente os fenômenos de estereotipia, cada uma delas propõe métodos de análise diferenciados. Além da diversidade dos procedimentos, pode-se assinalar três correntes. A abordagem empírica é representada pela psicologia social, que recorre a pesquisas de opinião e pesquisas de campo, e que efetua um tratamento estatístico dos dados assim coletados. Uma segunda abordagem, textual, reúne os estudos literários, a análise argumentativa e a análise do discurso, que, com métodos e objetivos diversos, tentam extrair os elementos de estereotipia por meio dos componentes discursivos (léxico, figuras, estudo do implícito).

Nessa perspectiva, as teorias da leitura e a didática da leitura exploram o papel da estereotipia no processo de decifração dos textos. O terceiro tipo de abordagem, que reúne a teoria do estereótipo e do protótipo, assim como a pragmática integrada dos *topoi*, é principalmente teórica. Ela não se interessa pela análise dos textos, mas pelo funcionamento semântico da linguagem.

Pode-se, no entanto, estabelecer transversais através desses diferentes campos de estudos. Uma delas diz respeito à questão da pejoração. Denuncia-se a banalidade, o preconceito, as falsas evidências. A análise dos estereótipos e dos clichês visa a desmistificar tudo o que embaraça as relações interpessoais, a livre apreensão do real, a originalidade e a inovação. Ao mesmo tempo, as ciências sociais, as ciências da linguagem e os estudos literários reconhecem que os fenômenos de estereotipia são inevitáveis. Na vida social, é impossível fazer economia deles. Assim, acabamos por estudar as funções construtivas do estereótipo, do clichê e dos lugares-comuns, que aparecem na base da interação social e da comunicação e que estão na fonte do trabalho literário.

Conclusão

As funções construtivas do estereótipo só podem ser percebidas a partir do momento em que se renuncia a considerá-lo de maneira estática nos seus conteúdos e formas cristalizadas. O que chama a atenção é a forma como um indivíduo ou um grupo se apropriam dele e o colocam em jogo numa dinâmica das relações com o outro e consigo. São também as modalidades ao sabor das quais os discursos estabelecidos retomam e eventualmente trabalham elementos pré-fabricados.

Um percurso através das diferentes disciplinas permite também extrair linhas de força e revelar a importância dos fenômenos de estereotipia na reflexão contemporânea.

NOTAS

1. Ver Michel Delon, "Rehábilitation des préjugés et crises des Lumières", *Revue germanique internacionale*, nº 3, 1995.
2. Daniel Katz, Kenneth W. Braly. "Racial stereotypes of 100 college students", *Journal of Abnormal an Social Psychology*, 28, 1933, p. 280-290.
3. M. Rokeach, *The Open and Closed Mind*, New York, Basic Books, 1960.
4. Sigmund Freud, *Le Mot d'esprit et ses rapports avec l'inconscient*, trad. fr. Galimard, 1930. (N. T. : Edição brasileira: S. Freud, *O chiste e sua relação com o inconsciente*. Trad. Fernando C. Mattos e Paulo C. de Souza, São Paulo, Companhia das Letras, 2017, v.VII.).
5. Claude Bouché, *Lautréamont: Du lieu commun à la parodie*, Larousse, 1974.
6. Ver Jean-Pierre Richard, "A tombeau ouvert", em *Microlectures*, Ed. du Seuil, 1979, e Michel Murat, "Voyage en pays de connaissance, ou Réflexions sur le cliché dans Argol", *Actes du colloque international "Julian Gracq"*, Angers, Presses D l'Université d'Angers, 21-21 de maio de 1981.
7. Ver, a título de exemplo, o estudo de Philippe de Lajarte sobre Ronsard ("*La gestion du lieu commum dans la poésie humaniste: l'exemple de Ronsard*") em *Le Stéréotype*, 1994 (dir. Alain Goubert).
8. Didier, Alexandre, "*Chantes du cygne*": le cliché et sa prévisibilité en poésie", em *Lieux communs…*, Christian Platin, p. 45. Sobre a renovação do cliché nas *Flores do Mal*, ver Henk Nuiten e Maurice Geelen, "*Baudelaire et le cliché. Le cliché entre les mains de l'auteur des Fleures du mal*", Stuttgart, F. Steiner Verlag, 1989.
9. Iréne Pennachionni, *La Nortalgie en images: Une sociologie du récit dessiné*, Paris, Librairie des Méridiens, 1982, p. 101.
10. Jacques Dubois, *Le Roman policier ou la modernité*, Paris, Nathan, 1992, p. 105.
11. Charles Grivel, "Savoir social et savoir littéraire". *Littérature*, nº 44, 1981, p. 83.
12. Thierry Duc, "Autodérision dans le roman populaire: l'utilisation du lieu commum et du stéréotype chez Édouard de Sant-Amour", *Le Roman populaire en question(s)*, Jacques Miggozi (ed) Presses universitaires de Limoges, 1997.
13. Françoise Matin-Berhet, "Definitions d'enfant: étude de cas", *Repères*, nº. 8, 1993, p. 117.
14. Manteremos o interesse pelas formas tópicas de Ducrot, mesmo que ele tenha desde então substituído o estudo dos *topoi* pelo dos blocos semânticos.
15. Patrick Sériot, "Langue russe et discours politique soviétique: analyse des nominalisations", *Langages*, nº 81, março1986 ("Analyse de discours, nouveaux parcours"), p. 39.
16. Grupo Mu, "As biografias de Paris-Match", *Communication*, n. 16, 1970, retomado em *Pesquisas Retóricas* Ed. du Seuil, coleção Point, 1994.

BIBLIOGRAFIA

HISTÓRIA DAS NOÇÕES

ANGENOT Marc, *La Parole pamphlétaire*. Typologie des discours modernes, Payot, 1982.
BERLAN Françoise, "Les Épithètes françoises du R. P. Daire. Stéréotypes culturels et conventions sociales", em *Mélanges de langue et de littérature française offerts à Pierre Larthomas*, École normale supérieure de jeunes filles, 1985.
CAUQUELIN Anne, *L'Art du lieu commun. Du bon usage de la doxa*, Éd. Du Seuil, 1999.
COMPAGNON Antoine, *La Seconde Main ou le travail de la citation*, Éd. du Seuil, 1979.
COMPAGNON Antoine. *O trabalho da citação*. Trad. de Cleonice P. B. Mourão, Belo Horizonte, UFMG, 2007.
CURTIUS Ernst Robert, *La Littérature européenne et le Moyen Âge latin*, trad. fr., PUF, 1956 (éd. orig. 1947).
DELESALLE Simone, "Les débuts de la sémantique. Norme et esthétique à la fin du XIXe siècle", em *Histoire de la langue française 1880-1914*, Gérald Antoine et Robert Martin (dir.), Éd. du CNRS, 1985.
ÉTUDES FRANÇAISES n° 13, 1-2, "Le lieu commun", 1976.
FLAUBERT Gustave, *Le Dictionnaire des idées reçues*, LGE, Le Livre de Poche classique, 1997.
FLAUBERT Gustave, *Dicionário das ideias prontas*. Trad. Regina Schöpke e Mauro Baladi, Rio de Janeiro, Edições Guinefort, 2018.
GOURMONT Remy de, *Esthétique de la langue française* (Mercure de France, 1899), rééd. Éditions Autrement dit, "Les Introuvables", 1985 ("Le cliché").
GOURMONT, Remy de, *La Culture des idées* (Mercure de France, 1900), rééd. 10/18, 1983 ("Du style ou de l'écriture" e "La dissociation des idées", 1899).
GOYET, Francis, "Aux origines du sens actuel de "lieu commun", *Cahiers de l'Association Internationale des Études françaises*, 1997, n° 49, p. 59-74.
GOYET, Francis, *Le "Sublime" du lieu commun, L'invention rhétorique dans l'Antiquité et à la Renaissance*, Champion, 1996.
HERSCHBERG PIERROT Anne, "Clichés *n de siècle", em *Rhétorique et discours critiques. Échanges entre langue et métalangue*, Presses de l'ENS, 1989.
HERSCHBERG PIERROT Anne, "Histoire d'idées reçues", *Romantisme*, n° 86, 1994.
TARDE Gabriel, *Les Lois de l'imitation* (Alcan, 1890), reed. Slatkine Reprints, Genève, 1979 (1 ed. 1895).

CIÊNCIAS SOCIAIS

ADORNO Theodor W., FRENKEL-BRUNSWIK Else, LEVINSON Daniel J. e SANFORD Nevitt R., *The Authoritarian Personality*, New York, Harper & Row, 1950.
ADORNO Theodor W., *Estudos sobre a personalidade autoritária*. Trad. de Francisco Lopez Toledo Correa, Virginia Helena Ferreira da Costa e Carlos Henrique Pissardo, São Paulo, Editora UNESP, 2019.
ALLPORT Gordon W., *The Nature of Prejudice*, New York, Doubleday Anchor Books, 1954.
AMOSSY Ruth, *Les Idées reçues. Sémiologie du stéréotype*, Nathan, 1991.
AMOSSY Ruth, Delon Michel (dir.), *Critique et légitimité du préjugé*, Presses de l'Université Libre de Bruxelles, 1999.
ASCH Solomon, *Social Psychology*, N.J., Prentice Hall, 1952.
AUGUSTINOS Martha e WALKER, Iain, "The construction of stereotypes within social psychology: from social cognition to ideology", *Theory Psychology*, n° 8, p. 629, 1998.
BAR-TAL Daniel, GRAUMANN Carl, KRUGLANSKI Arie e STROEBE Wolfgang, *Stereotyping and Prejudice. Changing Conceptions*, Springer Verlag, 1994.
CAMILLERI Carmel e VINSONNEAU Geneviève, *Psychologie et culture, Concepts et méthodes*, Armand Colin, 1996.
DÉSERT Michel, CROIZET Jean-Claude e LEYENS Jacques-Philippe, "La menace du stéréotype: une interaction entre situation et identité", *L'Année psychologique* 102-3, 2002, p. 555-567.
DÉTREZ Christine, *Quel genre?* Éditions Thierry Magnier, 2015.
EDWARDS Derek e POTTERS Jonathan, *Discursive Psychology*, London, Sage, 1992.
ETHNOPSYCHOLOGIE, n° 4, "Images de l'Europe", dez. 1971.
FISCHER Gustave-Nicolas, *Les Concepts fondamentaux de la psychologie sociale*, Dunod, 1996.
FISCHER Gustave-Nicolas, *Os conceitos fundamentais da psicologia social*, Lisboa: Instituto Piaget, 2002.
FISHMAN Joshua A., "An examination of the process and functions of social stereotyping", *The Journal of Social Psychology*, n° 43, 1956, p. 27-64.
GOFFMAN Erving, *La Mise en scène de la vie quotidienne*, t.1: La Présentation de soi, Éd. de Minuit, 1973.
GOFFMAN Erving, *Representações do eu na vida cotidiana*, Petrópolis, Vozes, 2014.
HARDING John, "Stereotypes", *International Encyclopedia of the Social Sciences*, vol. 15, The McMillan Cie and the Free Press, 1968.
INZLICHT Michael e SCHMADER Toni, *Stereotype threat: Theory, process and application*, Oxford University Press, 2011.
JAHODA Marie, "Stereotype", *A Dictionary of the Social Sciences*, London, Tavistock Publications, 1964.
JODELET Denise (ed.), *Les Représentations sociales*, PUF, 1989.
KLINEBERG Otto, *Psychologie sociale*, PUF, 1963 (1. ed. New York, 1940).
LADMIRAL Jean-René e LIPIANSKY Edmond Marc, *La Communication interculturelle*, Paris, Armand Colin, 1989.
LEE Yueh-Ting, JUSSIM Lee J. e MCCAULEY Clark R. (eds.), *Stereotype Accuracy: Toward Appreciating Group Differences*, Washington D.C., American Psychological Association, 1995.
LEYENS Jacques-Philippe, YZERBYT Vincent e SCHADRON Georges, *Stéréotypes et cognition sociale*, trad. Georges Schadron, Mardaga, 1996 (1. ed. London, 1994).
LIPPMANN Walter, *Public Opinion*, New York, Pelican Books, 1946 (1. ed. 1922).
LIPPMANN Walter, *Opinião pública*, Petrópolis, Vozes, 2010.
MAISONNEUVE Jean, *Introduction à la psychosociologie*, PUF, 1989.
MAISONNEUVE Jean. *Introdução à psicossociologia*, São Paulo, Nacional/Edusp, 1977.
MORFAUX Louis-Marie, "Stéréotype", *Vocabulaire de la philosophie et des sciences humaines*, Armand Colin, 1980.
MOSCOVICI Serge (ed.), *Psychologie sociale*, PUF, 1988.
OPERARIO Don e FISKE Susan T., "Stereotypes: content, structures, processes and contexto", *Social Cognition*, em BREWER Marylinn B. e HEWSTONE Miles (eds), *Social Cognition*, Oxford, Blackwell publishing, 2004.
SHERIF Muzafer and SHERIF Carolyn W., *Social Psychology*, New York, Harper-Inter Ed., 1969.

STEELE Claude M., SPENCER Steven J. e ARONSON Joshua, "Contending with group images: The psychology of stereotypes and social identity threat", *Advances in Experimental Social Psychology* 24, 2002, p. 379-440.
STEELE Claude M. e ARONSON Joshua, "Stereotype threat and the intellectual test performance of African Americans", *Journal of personality and social psychology* 69, dez. 1995, p. 797-811.
TAJFEL Henri, "La catégorisation sociale", *Introduction à la psychologie sociale*, vol. I, Serge Moscovici (ed.), Larousse, 1972.

CLICHÊS, ESTEREÓTIPOS E LITERATURA

Os estudos do clichê

ALBALAT Antoine, *L'Art d'écrire: enseigné en vingt leçons* (1899), Armand Colin, 1992.
AMOSSY Ruth e ROSEN Elisheva, *Les Discours du cliché*, SEDES-CDU, 1982.
BALLY Charles, *Traité de stylistique française* (1. ed. Wagner, Heidelberg, 1909), 3. ed., Genève, Georg, Paris, Klincksieck, vol. 1, 1951.
BORDAS Éric e RANNOUX Catherine (dir.), "Clichés et clichages. Mélanges Anne-Marie Perrin-Naffakh", *La Licorne*, n° 59, 2001.
HERSCHBERG PIERROT Anne, "Problématiques du cliché", *Poétique*, n° 43, 1980.
JENNY Laurent, "Structures et fonctions du cliché", *Poétique*, n° 12, 1972.
MAROUZEAU Jules, *Précis de stylistique française* (1941), Masson, 1969.
MATHIS Gilles (ed.), *Le Cliché*, Actes du colloque d'Aix-en-Provence (jan. 1996), Presses Universitaires du Mirail, 1997.
PAULHAN Jean, *Éléments*, em *Oeuvres complètes*, t. II, Cercle du livre précieux ("Incident de langage dans la famille Langelon"), 1966.
PAULHAN Jean, *Les Fleurs de Tarbes* (1941), em *Oeuvres complètes*, t. III, Cercle du livre précieux, 1967.
PERRIN-NAFFAKH Anne-Marie, *Le Cliché de style en français moderne*, Bordeaux, Presses Universitaires de Bordeaux, 1985.
REDFERN Walter, *Clichés and Coinages*, Basil Blackwell, 1989.
RIFFATERRE Michael, "Fonction du cliché dans la prose littéraire", em *Essais de stylistique structurale*, présentation et traductions par Daniel Delas, Flammarion, 1970.
RIFFATERRE Michael, *La Production du texte*, Éd. du Seuil, 1979.
RIFFATERRE Michael, *A produção do texto*, São Paulo, Martins Fontes, 1989.
RIFFATERRE Michael, *Sémiotique de la poésie*, Éd. du Seuil, 1983.

Texto, imaginário, sociedade

AMOSSY Ruth, *Les Idées reçues. Sémiologie du stéréotype*, Nathan, 1991.
ANGENOT Marc, *1889. Un état du discours social*, Québec, Éd. du Préambule, 1989.
BARTHES Roland, *Le Plaisir du texte*, Éd. du Seuil, 1973 (OC IV).
BARTHES Roland, *O prazer do texto*. Trad. J. Guinsburg, São Paulo, Perspectiva, 2002.
BARTHES Roland, *Leçon*, Éd. du Seuil, 1978 (OC V).
BARTHES Roland, *Lição*, Lisboa, Edições 70, 2007.
BARTHES Roland, *Mythologies*, Éd. du Seuil, col. Points, 1957 (OC I).
BARTHES Roland, *Mitologias*. Trad. Rita Buongermino e Pedro de Souza, Rio de Janeiro, Bertrand Brasil, 2001.
BARTHES Roland, *Oeuvres complètes*, editado por Éric Marty, Éd. du Seuil, 2002 (OC I-V).
BARTHES Roland, *Roland Barthes par Roland Barthes*, Éd. du Seuil, coll. "Écrivains de toujours", 1975 (OC IV).
BARTHES Roland, *Roland Barthes por Roland Barthes*. Trad. Leyla Perrone-Moisés, São Paulo, Estação Liberdade, 2018.
BARTHES Roland, *S/Z*, Éd. du Seuil, col. Points, 1970 (OC III).

BOYER Henri (ed.), *Stéréotypages, stéréotypes: fonctionnements ordinaires et mises en scène;* t. 1: *Média(tisa)tions*; t. 2: *Identité(s)*; t. 3: *Éducation, école, didactique*; t. 4: *Langue(s), discours*; t. 5: *Expressions artistiques*, L'Harmattan, 2007.
CASTILLO Durante Daniel, *Du stéréotype à la littérature*, Montréal, XYZ, 1994.
DUCHET Claude e TOURNIER Isabelle, "Sociocritique", em *Dictionnaire universel des littératures*, Béatrice Didier ed., PUF, 1994.
GAILLARD Françoise, "Petite histoire du bras de fer, ou comment se fait l'Histoire", *Revue des sciences humaines*, n° 181, 1981-1.
GARAUD Christian (ed.), *Sont-ils bons ? Sont-ils méchants ? Usages des stéréotypes*, Champion, 2001.
GOULET Alain (ed.), *Le Stéréotype. Crise et transformations* (colóquio de Cerisy-la-Salle, 7-10 out. 1993), Presses de l'Université de Caen, 1994.
HERSCHBERG PIERROT Anne, "Clichés, stéréotypes, stéréotypies dans le discours de Lieuvain (*Madame Bovary*, II, 8)", *Littérature*, n° 36, 1979.
HERSCHBERG PIERROT Anne, "Le travail des stéréotypes dans "la prise des Tuileries" (L'Éducation sentimentale, III, 1)", em Histoire et langage dans *L'Éducation sentimentale* de Flaubert, CDU-SEDES, 1981.
HERSCHBERG PIERROT Anne, "*Madame Bovary* et les idées reçues", *Atti del convegno internationale Madame Bovary, Préludes, présences, mutations. Preludi, presenze, mutazioni*. Messina, 26-28 out. 2006. A cura di Rosa Maria Palermo di Stefano, Stella Mangiapane. Messina-Napoli. Accademia peloritana dei Pericolanti, vol. LXXXIII, Edizioni Scientifiche Italiane, 2007, p. 95-108.
HERSCHBERG PIERROT Anne, *Le Dictionnaire des idées reçues de Flaubert*, Presses universitaires de Lille, 1988.
LEERSSEN Joep, "Imagology: History and method", *Studia Imagologica*, n° 13, 2007.
LÜSEBRINK Hans-Jürgen, "La perception de l'Autre: jalons pour une critique littéraire interculturelle", *Tangence*, n° 51, 1996.
MITTERAND Henri, "Parole et stéréotype: le "socialiste" de Flaubert", em *Le Discours du roman*, PUF, 1980.
PAGEAUX Daniel-Henri, *La Littérature générale et comparée*, Armand Colin, 1994.
ROSELLO Mireille, Declining the Stereotype. *Ethnicity and Representation in French Cultures*, Hanover, New England University Press, 1997.

Estereótipo e leitura

O estereótipo como construção de leitura; o estereótipo no processo de leitura
AMOSSY Ruth, *Les Idées reçues. Sémiologie du stéréotype*, Nathan, 1991.
DUFAYS Jean-Louis, *Stéréotype et lecture*, Liège, Mardaga, 1994.
ECO Umberto, *Lector in fabula ou la Coopération interprétative dans les textes narratifs*, trad. de l'italien par Myriem Bouzaher, Grasset, 1985 (1. ed. 1979).
ECO Umberto, *Lector in fabula*, São Paulo, Perspectiva, 2008.
JAUSS Hans Robert, *Pour une esthétique de la réception*, trad. Claude Maillard, Gallimard, 1978 (1. ed. 1972).

A questão da paraliteratura
COUÉGNAS Daniel, *Introduction à la paralittérature*, Éd. du Seuil, col. Poétique, 1992.
ECO Umberto, "Une combinatoire narrative", *Communications*, n° 8, 1966.
HOUEL Annik, *Le Roman d'amour et sa lectrice*, L'Harmattan, 1997.
LAFARGE Claude, *La Valeur littéraire. Figuration et usages sociaux des fictions*, Fayard, 1983.
LUGAN-DARDIGNA Anne-Marie, "Presse du cœur et roman rose: la quête de l'amour vrai ou comment se trouver un maître", em *Le Récit amoureux*, Didier Coste e Michel Zeraffa eds., Éd. Champ Vallon, 1984.

Didática da leitura
DUFAYS Jean-Louis, GEMENNE Louis e LEDUR Dominique, *Pour une lecture littéraire*, t. 1, Bruxelles, De Boeck-Duculot, 1996.
ROUXEL Annie, *Enseigner la lecture littéraire*, Presses Universitaires de Rennes, 1997.

LINGUÍSTICA, RETÓRICA E ANÁLISE DO DISCURSO

Os estereótipos na língua

Locuções cristalizadas
GROSS Gaston, *Les Expressions figées en français*, Ophrys, 1996.
MARTIN-BERTHET Françoise, "À propos de jeune fille: remarques sémantiques et lexicographiques", *Cahiers de lexicologie*, n° 39, 1981-2.
REY Alain, *Le Lexique: images et modèles. Du dictionnaire à la lexicologie* (2ª parte, cap. 8: "Les limites du lexique"), Armand Colin, 1977.
SCHAPIRA Charlotte, *Les Stéréotypes en français: proverbes et autres formules*, Ophrys, 1999.

Semântica do estereótipo e do protótipo
DESPORTE Ariane e MARTIN-BERTHET Françoise, "Stéréotypes comparés: noms d'animaux en français et en espagnol", *Cahiers de lexicologie*, n° 66, 1995-1.
FRADIN Bernard e MARANDIN Jean-Marie, "Autour de la définition: de la lexicographie à la sémantique", *Langue française*, n° 43, set. 1979.
GEERAERTS Dirk, "Les données stéréotypiques, prototypiques et encyclopédiques dans le dictionnaire", *Cahiers de lexicologie*, n° 46-1, 1985.
KLEIBER Georges, "Prototype, stéréotype: un air de famille?", *DRLAV*, n° 38, 1988.
KLEIBER Georges, *La Sémantique du prototype*. Paris: PUF, 1990.
MARANDIN Jean-Marie, "Le lexique mis à nu par ses célibataires. Stéréotype et théorie du lexique", em *La Définition*, Jacques Chaurand et Francine Mazière éds., Larousse, col. "Langue et Langage", 1990.
PLANTIN Christian (ed.), *Lieux communs, topoï, stéréotypes, clichés*, Éd. Kimé, 1993.
PUTNAM Hilary, "Signification, référence et stéréotypes", *Philosophie*, n° 5, fev. 1985, trad. fr. Jean Khalfa de: "Meaning, Reference and Stereotypes" (1978), version abrégée de "The meaning of "meaning"" (*Philosophical Papers*, vol. 2, Cambridge, Cambridge University Press, 1975).
PUTNAM Hilary, "La sémantique est-elle possible ?", 1970, trad. fr. Jean-Marie Marandin de: "Is semantics possible?" em *La Définition*, op. cit.
SLAKTA Denis, "Stéréotype: sémiologie d'un concept", em *Le Stéréotype. Crise et transformations* (colóquio de Cerisy-la-Salle, 7-10 out. 1993), Presses de l'université de Caen, 1994, p. 35-46.
SIBLOT Paul, "De la fabrique du sens entre prototypicalité et stéréotypie discursive", *Le Français dans le monde*, jul. 1996.

Os *topoï* na pragmática integrada
ANSCOMBRE Jean-Claude (ed.), *Théorie des topoï*. Éd. Kimé, 1995.
ANSCOMBRE Jean-Claude e DUCROT Oswald, *L'Argumentation dans la langue*, Liège, Mardaga, 1983.
GALATANU Olga e GOUVARD Jean-Michel (ed.), *Langue française*, n° 123, "Sémantique du stéréotype", set. 1999.
PLANTIN Christian (ed.), *Lieux communs, topoï, stéréotypes, clichés*, Éd. Kimé, 1993.
RACCAH Pierre-Yves (ed.), *Journal of Pragmatics*, n° 24, "Argumentation within language", 1-2 jul. 1995.
SARFATI Georges-Élia, *Éléments d'analyse du discours*, Nathan Université, col. "128", n° 159, 1997.

Retórica e análise argumentativa

ADAM Jean-Michel e BONHOMME Marc, *L'Argumentation publicitaire. Rhétorique de l'éloge et de la persuasion*, Nathan, 2012 [1997].
AMOSSY Ruth, *L'Argumentation dans le discours*, Armand Colin, 2021 [2000].
AMOSSY Ruth, *A argumentação no discurso*, São Paulo, Contexto, 2018.
AMOSSY Ruth, *La Présentation de soi. Ethos et identité verbale*, PUF, 2010.
ANGENOT Marc, *La Parole pamphlétaire. Typologie des discours modernes*, Payot, 1982.
ARISTOTE Organon V, *Les Topiques*, trad. e notas de Jules Tricot, Vrin, 1990.

ARISTÓTELES, *Órganon*, Trad. Edson Bini, São Paulo, Edipro, 2010.
ARISTOTE, *Rhétorique*, Introduction de Michel Meyer, trad. Charles-Émile Ruelle, Le Livre de Poche, 1991.
ARISTÓTELES, *Retórica*, Trad. Manuel Alexandre Júnior, Paulo Farmhouse Alberto e Abel do Nascimento Pena, São Paulo, WMF Martins Fontes, 2012.
BARTHES Roland, "L'ancienne rhétorique", *Communications*, n° 16, 1970 (OC III).
BARTHES Roland, "A retórica antiga", em COHEN Jean et al., *Pesquisas de retórica*, Trad. Leda Pinto Mafra Iruzun, Petrópolis, Vozes, 1975, p. 147-232.
DECLERCQ Gilles, *L'Art d'argumenter. Structures rhétoriques et littéraires*, Éditions universitaires, 1992.
EGGS Ekkehard (ed.), *Topoï, discours, arguments*, Stuttgart, Franz Steiner Verlag, 2002.
EGGS Ekkehard, *Grammaire du discours argumentatif*, Éd. Kimé, 1994.
KIBÉDI Varga Aron. *Rhétorique et littérature. Études de structures classiques*, Didier, 1970.
MOLINIÉ Georges, *Dictionnaire de rhétorique*, Le Livre de Poche, 1992.
PERELMAN Chaïm e OLBRECHTS-TYTECA Lucie, *Traité de l'argumentation. La nouvelle rhétorique*, Éd. de l'université de Bruxelles, 1970.
PERELMAN Chaïm e OLBRECHTS-TYTECA Lucie. *Tratado de argumentação*: a nova retórica, Trad. Maria Ermantina de Almeida Prado Galvão, São Paulo, WMF Martins Fontes, 2014.

Análise do discurso

ANGENOT Marc, *La Propagande socialiste. Six essais d'analyse du discours*, Montréal, L'Univers du Discours, 1997.
BONNAFOUS Simone, "Femme politique": Une question de genre?, *Réseaux* 2003/4, n° 120, p. 119-145.
BRÉCHET Florent, GIAI-DUGANERA Sabrina, LUIS Raphaël, MEZZADRI Agathe e THOMAS Solène (dir.), *Le Préconstruit. Approche pluridisciplinaire*, Classiques Garnier, 2017.
BRILLIANT Maria, "L'émergence de la polémique autour de la formule "immigration choisie" dans la presse française (jan.-jul. 2005)", *Semen*, n° 31, 2011.
CHARAUDEAU Patrick e MAINGUENEAU Dominique, *Dictionnaire d'analyse de discours*, Seuil, 2002.
CHARAUDEAU Patrick e MAINGUENEAU Dominique, *Dicionário de análise do discurso*, São Paulo, Contexto, 2016.
DÉTRIE Catherine e PERROUX Jérémy, "De quelques stéréotypes catégorisateurs du même et de l'autre dans les discours de Dakar, ou l'Afrique fantasmée de deux présidents français", SHS Web of Conferences 8, 2014.
FAYE Jean-Pierre, *Théorie du récit. Introduction aux "langages totalitaires"*, Hermann, 1972.
FAYE Jean-Pierre, *Introdução às linguagens totalitárias*: teoria e transformação do relato. São Paulo: Perspectiva, 2009.
GUILHAUMOU Jacques, MALDIDIER Denise e ROBIN Régine, *Discours et archive*, Liège, Mardaga, 1994.
GUILHAUMOU Jacques, MALDIDIER Denise, PROST Antoine e ROBIN Régine, *Langage et idéologies. Le Discours comme objet de l'Histoire*, Les Éditions ouvrières, 1974.
HODGE Bob, "National character and the discursive process: A study of transformations in popular metatexts", *Journal of Pragmatics*, n° 13, 1989.
HONORÉ Jean-Paul, "De la nippophilie à la nippophobie. Les stéréotypes versatiles dans la vulgate de presse", *Mots* n° 41, 1994.
KRIEG-PLANQUE Alice, "Purification ethnique". *Une formule et son histoire*, CNRS éditions, 2003.
KRIEG-PLANQUE Alice, *La Notion de "formule" en analyse du discours*, Presses universitaires de Franche-Comté, 2009.
KRIEG-PLANQUE Alice, *A noção de "fórmula" em análise do discurso*: quadro teórico e metodológico. Trad. Luciana S. Salgado e Sírio Possenti, São Paulo, Parábola, 2010.
LITS Marc, *Le roi est mort… Émotions et médias*, Bruxelles, Vie ouvrière, 1993.
MAINGUENEAU Dominique, "Présentation", *Langages*, n° 117 ("Les Analyses de discours en France"), mar. 1995.
MAINGUENEAU Dominique, *L'Analyse du discours*, Hachette, 1997 [1991].
MAINGUENEAU Dominique, *Les Termes clés de l'analyse du discours*, Éd. du Seuil, coll. "Essais", 2009.
MAINGUENEAU Dominique, *Termos-chave da análise do discurso*, Belo Horizonte, Ed. UFMG, 1998.

MARTEL Guylaine, *Incarner la politique. La construction de l'image médiatique des femmes et des hommes politiques au Québec*, Presses de l'Université Laval, 2018.
PÊCHEUX Michel, *Les Vérités de la Palice*, Maspero, 1975.
PAVEAU Marie-Anne, *Les Prédiscours: sens, mémoire, cognition*, Presses de la Sorbonne Nouvelle, 2006 (versão digital, 2017).
PAVEAU Marie-Anne, *Os pré-discursos:* sentido, memória, cognição, Trad. Graciely Costa e Débora Massmann, Campinas, Pontes, 2013.
ROBIN Régine, "Essai sur la stéréotypie républicaine: les manuels d'histoire de la IIIe République jusqu'en 1914", *Littérature*, n° 44, dez. 1981.
TAGUIEFF Pierre-André, "La nouvelle judéophobie: antisionisme, antiracisme, anti-impérialisme", *Les Temps modernes*, n° 520, 1989.

História e História cultural

EDROM Julien, GUÉRIN Raphaël, GRIOT Witold, SMOLOVIC Ksenia e VILLARD Flavien, "Pour un usage du stéréotype en Histoire", *Hypothèses*, 21, 2018/1, p. 93-102.
GESLOT Jean-Charles, "Stéréotypes et histoire culturelle", *Hypothèses*, 21, 2018/1, p. 163-176.
GRANDIÈRE Marcel, "La notion de stéréotype", La Fuente de Mnemosine, 29 octobre 2010 [disponível em: https://docs.google.com/document/d/16b0PJIyraae_-Lv5cN_X5AsOJ82mmlsyk9W8YhyccAk/edit, acesso em 17 fev. 2021].
RIOUX Jean-Pierre e SIRINELLI Jean-François (eds), *Pour une histoire culturelle*, Paris, Seuil, 1997.
SIRINELLI Jean-François, "Stéréotypes", em *Dictionnaire de l'historien*, Jean-François Sirinelli et Claude Gauvard (eds), Paris, PUF, 2013.
VAN YPERSELE Laurence e KLEIN Olivier, "Les stéréotypes", em *Questions d'histoire contemporaine; conflits, mémoires et identités*, Laurence Van Ypersele (dir.), Paris, 2006.

Língua de Madeira

DELPORTE Christian, "Une histoire de la langue de bois", Flammarion, 2009. *Hermès*, n° 58, 2010/3, "Les langues de bois", CNRS Éditions.
KRIEG-PLANQUE Alice, "Langue de bois", *Publictionnaire. Dictionnaire encyclopédique et critique des publics* [disponível em http://publictionnaire.huma-num.fr/notice/langue-de-bois/, acesso em 17 fev. 2021].
MESCHONNIC Henri, "Perdus dans le bois de la langue", *Le Labrador*, n° 3, 4e trimestre 1996, "Le bois de la langue". *Mots*, n° 21 ("Langues de bois ?"), dez. 1989.
NOWICKI Joanna, OUSTINOFF Michaël e CHARTIER Anne-Marie (ed.), *Hermès*, n° 58, "Les langues de bois", 2010.
THOM Françoise, *La Langue de bois*, Julliard, 1987.

AS AUTORAS

RUTH AMOSSY, professora emérita da Universidade de Tel Aviv e editora-chefe da revista *Argumentation et analyse du discours*, publicou em relação à questão dos estereótipos:

- *Les Discours du cliché*, Paris, CDU-SEDES, 1982 (em colaboração com Elisheva Rosen).
- *Les Idées reçues: sémiologie du stéréotype*, Paris, Nathan, col. "Le Texte à l'œuvre", 1991.
- *Doxa and Discourse: How Common Knowledge Works* (R. Amossy e M. Sternberg, eds.), Poetics Today, 23:3, 2002.
- *Argumentation dans le discours*, 4. ed., Paris, Armand Colin, 2021(1. ed. 2000).
- *La Présentation de soi: Ethos et identité verbale*, Paris, PUF, 2010.
- *Apologie de la polémique*, Paris, PUF, 2014.
- *Une formule dans la guerre des mots: "La délégitimation d'Israël"*, Paris, Garnier, 2018.

ANNE HERSCHBERG PIERROT, professora emérita da Universidade de Paris 8, publicou sobre a questão dos clichês, estereótipos e ideias preconcebidas:

- *Le Dictionnaire des idées reçues de Flaubert*, Villeneuve-d'Ascq, Presses universitaires de Lille, 1988.
- *Stylistique de la prose*, Paris, Belin, col. "Sup. Lettres", 2003 (1ª ed., 1993).
- *Le Dictionnaire des idées reçues*. Anne Herschberg Pierrot (ed.), Paris, L.G.F., Le Livre de Poche classique, 1997.
- Roland Barthes, *Le Lexique de l'auteur*. Seminário da École Pratique des Hautes Études, 1973-1974, seguido por fragmentos inéditos de Roland Barthes por Roland Barthes. A. Herschberg Pierrot (ed.), Paris, Seuil, 2010.
- *Flaubert, l'empire de la bêtise*. A. Herschberg Pierrot (ed.), Nantes, Éditions nouvelles Cécile Defaut, 2012.

GRÁFICA PAYM
Tel. [11] 4392-3344
paym@graficapaym.com.br